KB092252

의기
스물두 해의 불꽃 튀는 삶

초판 1쇄 인쇄 2020년 5월 15일
초판 1쇄 발행 2020년 5월 20일

지은이　　정화진
펴낸이　　이영선
책임편집　김종훈

편집　　　김선정 김문정 김종훈 이민재 김영아 김연수 이현정 차소영
디자인　　김회량 이보아
독자본부　김일신 김진규 정혜영 박정래 손미경 김동욱

펴낸곳 서해문집 | 출판등록 1989년 3월 16일(제406-2005-000047호)
주소 경기도 파주시 광인사길 217(파주출판도시)
전화 (031)955-7470 | 팩스 (031)955-7469
홈페이지 www.booksea.co.kr | 이메일 shmj21@hanmail.net

ⓒ 정화진, 2020
ISBN 978-89-7483-024-3 03910

이 도서의 국립중앙도서관 출판예정도서목록(CIP)은 서지정보유통지원시스템
홈페이지(http://seoji.nl.go.kr)와 국가자료공동목록시스템(http://www.nl.go.kr/kolisnet)에서
이용하실 수 있습니다.(CIP제어번호: CIP2020016592)

스물두 해의 불꽃 튀는 삶

의기宜基

정화진 지음

서해문집

차례

희영

바람의 방향이 일정치 않다. 병원을 나와 몇 걸음 걷는 동안에
도 섣불리 냉기 먹은 바람은 좌우를 가리지 않고 돌풍 불듯이 달
려들었다. 두세 차례 오신 가을 저물녘의 비는 오실 때마다 대기
를 선선하다 못해 싸늘하게 만든다. 희영은 바람의 방향이 바뀌
는 대로 코트의 앞섶을 여몄다.

병원을 나온 그녀는 이어진 언덕을 내려오기 전에 버릇처럼
고개를 돌려 성당의 십자가를 한 번 올려보았다. 희영은 천주교
신자가 아니었다. 어릴 적부터 개신교회만 다녔기에 낯설 수도
있었지만 십자가야 그 의미가 다를 리 없었다. 마냥 낯선 것만도
아니었다. 성당의 경내를 거닐다 만나는 성모마리아상과 수녀들
은 이미 그녀에게도 친근한 존재였다.

요즘 희영의 눈에 비친 성모마리아는 세간에 알려진 자애로움
과는 은하만큼이나 멀었다. 자신을 마주하는 그의 눈엔 심연에
닿을 슬픔과 절망뿐이었다. 지구 어딘가의 소문 무성한 또 다른

마리아상처럼 눈에서 금방이라도 피눈물을 흘릴 것만 같았다.

늦가을 오후의 명동 거리엔 오늘따라 사람의 그림자가 몇 드리우지 않았다. 서울의 대표적 번화가인 명동 거리가 그 생기를 잃은 지도 꽤 되었다.

일 년 가까이 지속된 계엄령.

밤 10시 이후엔 누구든 집 안에 있어야만 했다. 늦었다 싶은 땐 가까운 여관이든 여인숙이든 파고들어야만 했다. 가게는 일찌감치 셔터를 내리니 퇴근 후에 얼큰하게 취할 만큼 마실 수도 없었다. 설령 성급하게 술을 거푸 들이킨다 한들 사람들은 채 취하지 못했다. 취기를 못 이겨 길에서 주태라도 부리다가는 어딘지 모를 곳으로 끌려갈 수도 있었다.

가족에게조차 단 한 줄의 통보도 가지 않는다. 가장이든 자식이든 생사조차 알 수 없는 세상이었다. 가족이 경찰서든 어디든 찾아다녀봤자 행방이나 생사를 알 수 있는 문은 존재하지 않았다. 그러다 떠올리는 곳은 삼청교육대. 사람들의 머릿속에 그곳은 축생지옥이었다.

술잔을 기울이다, 혹은 정류장에서 담배 연기를 내뿜으며 나누는 소소한 대화 중에도 사람들은 수시로 주변을 둘러보곤 했다. 시절을 조롱하는 어떤 말도 칼이 되어 돌아오고, 심지어 신세 한탄조차도 가려서 해야만 했다.

의기(宜基)

승객들의 대화를 신고하면 일반택시 기사가 개인택시면허를 받을 수도 있었다. 대화 내용이 무엇이냐는 중요하지 않다. 군부가 발표하지 않은 내용, 즉 '유언비어'의 범주에 우겨넣을 수 있다면 그것으로 끝이었다. 살벌해서 못 살겠다는 말도 함부로 내뱉을 수 없는 세상.

모든 것은 정화라는 순한 이름하에 이루어지고 있었다. 직업의 귀천 따위는 존재하지 않았다. 정치인, 교수, 은행원, 노조원, 동네의 건달들까지 평등하기가 그지없었다. 그저 순순히 옷을 벗느냐, 혹은 쥐도 새도 모르게 끌려가느냐의 차이가 있을 뿐이었다.

과거 저항의 전선에 섰던 언론이 이번엔 제일 먼저 엎드렸다. 신문사들이 일심동체로 자율정화를 선언하자 거의 천 명의 기자들이 해고당했다. 대한민국의 거대 조직조차 스스로 제 식솔을 내바치고 있었다.

일 년 전쯤 내장산까지 단풍 칠이 가득하던 밤, 오랜 독재자가 자신의 시대에 하직을 고하는 총탄을 맞고 난 후 올 4월까지는 새로운 시대에 대한 꿈이 넘쳤다. 물론 모든 게 불확실했던 것은 맞았다. 자유니 민주니 하는 것들은 기억 속에서조차 지워진 지 너무 오래되었기 때문이다. 그래도 사람들은, 특히 욕망을 포기하지 못하는 젊은 사람들은 꿈꾸기를 멈추지 않았다. 그래서 그들은 그 시절을 지금도 '서울의 봄'이라 일컫는다. 물론 주변에 아무도 없을 때 속삭이듯 말한다.

5월 이후의 세상엔 단 하나의 권력만이 있었다. 기준도 마찬가지였다. 한때 독재자에 맞선 대통령 선거에서 이길 뻔했던 사람. 그는 오랫동안 야당을 이끌어온 거대한 정치인이었지만 이틀 전 내란음모죄로 사형선고를 받았다. 모든 반역은 그의 몫이었다. 재판은 처음부터 끝까지 군인들의 마당에서 이루어졌다. 이성이나 자비 따윈 있을 수 없었다. 이번엔 정말 그에게 살 가망은 없을 거라고 사람들은 숨죽여 속삭였다.

봄까지 기세등등하던 야당의 총재는 자신의 직위를 내려놓은 것도 모자라 모든 공직에서 물러났다. 개구리가 동면하듯 고개를 내밀어서는 안 되었다. 바람이든 비든 한쪽 방향으로 불거나 내리지 않는다면 그 또한 정화의 대상이 될 것이었다. 엄밀히 말하면 지금 명동에 멋대로 방향을 바꿔가며 부는 바람도 정화 대상임에 분명하다.

창가에 서면 눈물처럼 떠오르는 그대의 흰 손
돌아서 눈감으면 눈물이어라

거리의 어느 상점에선가 조용필의 〈창밖의 여자〉가 흘러나왔다. 방송이든 거리든, 혹은 어느 술집이나 다방에서든 일 년 내내

의기(宜基)

귀에 딱지가 앉을 정도로 들리던 노래였다. 아마 크리스마스철의 명동 거리에서도 캐럴 못지않게 울려 퍼질 것이었다.

늘 약속 장소로 쓰여서인지 코스모스백화점 앞엔 그래도 젊은 사람들이 제법 모여 있었다. 남자든 여자든 아직 만나지 못한 사람들은 부지런히 주변을 살피며 자신의 짝이 나타나길 기다렸다.

백화점을 나오는 사람들은 마주한 바람에 급히 앞섶을 여몄다. 모두가 깊어가는 가을에 적응하고 있었다. 그리고 만남을 기대하고 서성이는 이들의 눈엔 그나마 기대와 희망의 빛이 어렸다. 희영은 비로소 살아 있는 사람들 속을 걷는다고 느꼈다. 희영은 남대문시장 쪽으로 발길을 돌렸다.

멀리 능선 너머로 펼쳐진 하늘이 푸르다. 전날 내린 비의 덕인가. 저물어가는 9월의 하늘에 구름 한 점 없다. 공원묘지 안으로 들어서며 희영은 관리사무소 쪽으로 잠시 고개를 돌렸다. 관리인이 작은 창 너머에서 그녀를 향해 가볍게 목례를 보냈다. 하루도 빠짐없이 같은 시간에 찾아오는 그녀에게 어느 날부턴가 그쪽이 보인 통과의례였다. 희영 역시 가볍게 고개를 숙여보이고는 서둘러 공원 안쪽으로 걸음을 내디뎠다.

명동에서 3시경 출발해서 파주 탄현면의 기독교공원묘지에 들어서기까지는 남대문시장의 꽃집을 들르는 시간 포함해 에누리 없이 두 시간 넘게 걸렸다. 6월부터 매일 반복되는 과정이었다.

그 일상을 벗어나지 않기 위해 신입 간호사인 희영은 붙박이 야간조를 자청했다.

희영은 능선을 두 번 넘었다. 간간이 고개를 돌려 아래를 내려다보면 산 아래의 작은 마을과 멀리 탄현의 쓸쓸한 풍경이 보이기는 했다. 하지만 산속의 작은 동산 두 개를 넘는 동안 주로 마주하거나 스치는 것은 화려한 색깔의 들꽃이나 벌, 나비가 아니었다. 산을 뒤덮은 것은 관리 잘된 떼를 이고 있는 무덤과 비석뿐. 그리고 간간이 놓인 생화, 혹은 조화들. 희영은 자신의 손에 들린 백합을 살피기 위해 잠시 멈췄다.

시장의 꽃집 주인아주머니는 희영이 들어서자 미리 준비한 백합 한 송이를 건넸다. 활짝 핀 그 백합은 길고 뾰족한 세 장의 초록 잎새와 고운 한지에 둘러싸여 있었다.

"순결과 위엄이 꽃에 담긴 뜻인데 그건 뭐 구태의연한 표현이고, 사랑으로 치면 변치 않는다는 의미지요. 아가씨를 떠난 사람이 얼마만큼의 거리에 있을지는 모르지만 사랑만큼은 변할 수 없을 것 같네요."

거의 매일 찾아오는 희영에게 어느 날부턴가 그녀가 건네주던 작은 다발이었는데 희영은 값을 치르기 전에 항상 고개를 숙여 그 고마움에 먼저 답했다.

살짝 접힌 한지의 끝을 손끝으로 펴주고 나서 그녀는 몇 걸음을 더 걸었다. 전날 내린 비 때문인지 비석에 얼룩이 져 있었다.

의기(宜基)

가지고 온 백합을 무덤 앞에 놓인 꽃병에 담았다. 그러곤 병에 담긴 채 살짝 시들어 있는 꽃을 꺼내 자신의 가방 안으로 옮겼다. 희영은 가방에서 꺼낸 휴지로 그 얼룩들을 정성스럽게 닦아냈다.

김. 의. 기.

깨끗하게 드러나는 마지막 글자를 확인하던 그녀의 눈에서 굵은 물방울이 볼을 타고 흘렀다. 희영은 급히 손을 가슴에 대고 세게 눌렀다. 하지만 가슴에서 시작해 온몸으로 퍼져가는 통증은 좀체 사그라들지 않았다.

그가 떠난 지 넉 달이 다 되어가지만 아직도 감정을 주체하지 못한다. 매일 찾는 사람. 말을 건네면 그의 대답이 들리는 것 같고, 손끝을 내밀면 그 손을 덥석 잡아 자신의 주머니에 넣고 다시는 놓지 않겠다는 듯 꼭 쥘 것만 같다. 또 손을 뻗으면 어느 날 가로등 아래서처럼 그의 볼을 어루만질 수 있을 것도 같다.

'왜 우리는 이런 모습으로 서로를 마주하고 있어야 하니. 너는 시골에서 농사짓고, 발이 닳도록 농민을 만나고⋯ 나는 아픈 사람을 돌보며 너와 같은 밥상에서 먹고 같은 이불 아래 누워야 하는데.'

슬픔 뒤에는 주체할 수 없는 분노가 뒤를 이었다. 그를 앗아간 자들을 향한 분노는 수백 개의 송곳이 되어 가슴에 와 박혔다. 희영은 한동안 몸을 웅크린 채로 부들부들 떨고 있었다. 눈물은

하염없이 잔디를 적셨다.

　얼마쯤의 시간이 흘렀을까. 희영이 간신히 자신을 추스르고 몸을 일으켰을 때 해가 뉘엿뉘엿 서쪽 능선을 넘으려 하고 있었다. 맑은 하늘에 드리운 주홍빛 노을이 산 아래 마을까지 드리웠다.

　무덤 주위를 둘러보는 그녀의 눈에 어디서 날아와 피었을지 모를 민들레 하나가 들어왔다. 목을 길게 늘여 핀 노란 꽃이 비석 뒤에 수줍은 듯 숨어 있었다. 자리를 뜨기 전 희영은 떼 위에 두 손을 포개 얹고 속삭였다.

　"내일 또 올게."

　　　　　　　　　　　　　　　　　　　　의기(宜基)

의기

"누나!"

자신을 애타게 부르는 목소리에 주숙은 마당을 나오던 걸음을 멈춰 뒤를 돌아보았다. 이제 여섯 살 꼬맹이인 막내의 양쪽 입꼬리는 아래로 처질 대로 처져 당장이라도 울음을 터뜨릴 기세였다. 누나의 멈칫거림에 용기라도 얻은 듯 막내는 바로 달려와 소맷부리를 붙잡는다. 누나를 올려다보는 꼬마의 눈에 눈물이 그렁그렁했다.

"학교 가지 말고 나랑 놀자 누나야, 응?"

"안 돼. 학교는 가야지. 너 땜에 맨날 지각하겠다. 누나가 학교 끝나면 쌩 달려와서 우리 의기랑 놀아줄게. 알았제?"

누나는 막내의 볼을 한 번 쓰다듬고는 몸을 빠르게 돌려 사택 바깥으로 달렸다. 그곳에는 학교를 함께 가기 위해 기다리던 친구가 있었다. 치맛단을 펄럭이며 멀어지는 누나들을 보던 꼬마는 손바닥으로 눈물을 훔쳤다. 마음 같아선 당장이라도 누나를 따라 학교에 가고 싶었다. 몇 번 따라갔다가 되돌아오기도 했다. 이제 참아야 한다는 정도는 알았다.

의기는 잠시 동안 마당 안을 이리저리 거닐기도 하고 마당 안에 있는 우물에 기대앉아 흙장난도 하면서 지루한 시간을 보냈다. 의기의 식구가 살고 있는 집은 경상북도 영주의 시골 파출소 뒤 사택이었다. 아버지는 그 파출소의 지서장이었다.

파출소 앞 도로 건너편에 드문드문 집들과 구멍가게가 있었고 그 외에 주변은 온통 논과 밭이었다. 사택과 지서로 이어지는 좁다란 길엔 작은 꽃밭이 있었으나 코흘리개 꼬마에겐 관심의 대상이 아니었다. 게다가 봄꽃이 피기에도 아직은 이른 계절이었다. 여섯 살 먹은 사내아이에겐 신나게 뛰어놀 거리가 필요할 뿐이었다.

주변엔 또래의 아이들도 없어서 거의 유일한 놀이 상대는 막내누나뿐이었다. 의기에게 있어서 막내누나는 단순한 누이를 넘어 자신을 지켜줄 수 있는 기둥과 같은 존재였다. 또한 주숙도 막내를 업어줄 때는 자신이 엄마가 된 듯 모성마저 느꼈다.

"하이고, 독이 독을 업고 다니네!"

재작년까지만 해도 주숙이 제 막냇동생을 업고 다니는 것을 볼 때마다 동네 어른들은 이렇게 말했다. 장독대에 있는 작은 항아리가 새끼 항아리를 업고 엄마 노릇한다고 놀려댔던 것이다.

하지만 일 년 전에 그 누나마저 학교를 가게 된 이후로 의기는 오전 내내 혼자 놀아야만 했다. 여섯 남매를 포함 여덟 식구의 살림을 꾸려내느라 항상 바쁜 엄마는 막내를 상대해줄 여력이 없었다. 게다가 몸도 허약하셨기에 틈이 나면 누워서 휴식을 취해야만 했다.

마당에서 하릴없이 시간을 보내던 의기가 바지에 묻은 흙을 툴툴 털고 일어나서는 꽃밭을 지나 지서로 쪼르르 달려갔다.

"오늘도 출근하셨네. 거참!"

파출소 한쪽 벽에 길게 놓인 나무 의자에 무턱대고 올라앉은 꼬마를 보고 순경이 웃음을 띠며 말했다. 어린 나이에도 자기 집 마당처럼 마구 뛰어놀 수 없다는 사실을 알기에 의기는 의자 위에서 허공에 뜬 다리를 까닥거리기만 했다. 지서 안을 둘러보는 꼬맹이의 눈엔 지루함이 가득했다.

그런 막내를 바라보는 아버지는 할 수 있는 바가 없어 헛웃음만 간간이 지었다. 그는 잘 알고 있었다. 아이가 지서 안팎을 들락날락거리며 오전을 다 보내리라는 것을. 아이가 안에 있으면 지서를 들르는 동네 사람들 때문에 눈치 보였다가도 밖으로 나간 시간이 오래 걸리면 혹시나 하는 걱정에 동네를 순시하듯 돌게 된다는 것을.

그날 저녁, 퇴근한 아버지는 아들에게 귀가 솔깃할 제안을 하나 했다.

"태기야."

태기는 의기가 어릴 적 가족이 부르던 이름이었다. 의기라는 이름이 아이의 명을 짧게 한다고, 어느 이름 풀이에 능하다는 어른이 훈수를 두었기 때문이었다.

"너 내일부터 누나 따라서 학교에 가지 않으련?"

그 말을 듣자마자 의기는 두 눈을 동그랗게 뜨고 아버지에게 무릎걸음으로 다가왔다. 놀라기는 주숙도 마찬가지였다.

"어떻게요? 얘랑 같이 앉아 공부하라고요?"

"그럴 리가 있겠니…. 너는 2학년인데. 태기는 1학년 반에서 공부하는 거지. 내가 교장선생님에게 사정을 설명하고 부탁을 드려 놨데이. 그렇다고 정식 학생이 되는 건 아니야. 그저 교실에 앉아 수업만 들으라는 거지. 태기야, 어때? 너만 좋다면 당장 내일이라도 공책하고 연필 사줄게."

사실 막내의 의견을 물어볼 필요도 없는 제안이었다. 정식 학생이라는 말의 의미는 몰랐지만 누나와 함께 학교에 갈 수 있다는 것만으로도 꼬마 의기의 심장은 이미 두방망이질하기 시작했다.

동갑내기보다 이 년이나 빠른 의기의 학교생활이 시작되었다. 두 살 터울이라 덩치도 워낙 차이 나서 누나의 친구뿐 아니라 동급생도 의기를 '애기'라 놀려댔지만 섭섭함 따위는 전혀 마음에 담지 않았다. 오히려 교실에서는 누구보다 선생의 말 한마디 한마디에 귀를 쫑긋 세웠다. 동급생이든 상급생이든 학교의 형과

의기(宜基)

누나들은 종종 의기를 애기라 불렀다. 놀리려던 것이 아니었다. 단지 귀엽기만 한 동생에 대한 애칭이었다.

출석도 불렀다. 다만 정식 학생이 아니었기에 그의 이름은 출석부 맨 아래에 연필로 적혔다. 어쩌다 상부 기관에서 수업 참관이라도 나올 때면 선생은 출석부에 있는 의기의 이름을 지우개로 지웠다. 그리고 그 시간에 의기는 교실이 아닌 운동장에서 시간을 때웠다. 학교 울타리 주변 풀숲에서 벌레들과 노는 것도 재미있었다.

그렇게 이 년의 시간이 흘렀다. 여덟 살이 된 의기가 학교에 정식으로 입학할 적령기가 된 것이다. 하지만 다시 1학년부터 시작할 수 없다고 의기는 떼를 썼다. 다시 공책에 줄 긋기부터 시작하는 게 죽기보다 싫은 것은 당연했다.

꼬마가 떼를 쓰는 방식은 조금 별났다. 발을 동동거리거나 양다리를 마구 치대지도, 또한 바닥을 데굴데굴 구르면서 악을 쓰지도 않았다. 그저 벽을 보고 앉은 채 서럽게 울기만 할 뿐이었다. 주숙은 막내의 편을 들고는 싶으나 차마 부모 앞에서 감히 나서지 못하고 눈만 껌벅이고 있었다.

하염없이 흐느끼고 있는 막내의 등에 대고 아버지가 할 수 있는 말은 딱 한마디였다.

"아이고, 알았데이. 교장선생님한테 어떻게든 잘 말해볼게."

학교의 입장에서도 난감하기는 마찬가지였다. 나이만 어릴 뿐 학습 능력과 성취도는 같은 2학년을 마친 동급생 중 가장 뛰어난 축에 속했기 때문이었다. 선생들 사이의 논의와 부모 상담 끝에 학교는 의기를 3학년에 올리기로 결정을 내렸다. 출석부에도 볼펜으로 이름을 새겼다. 더 이상 청강생이 아닌 정식 학생이 된 것이었다.

사회 모든 분야에 걸쳐 체계라는 게 잡히지 못한 1960년대 초반. 대한민국의 시골에서 가능했던 많은 임기응변 중 하나였다. 출생신고가 늦어서, 혹은 워낙 깊은 산골에 살아서 아홉이나 열 살에 학교생활을 시작했던 사례가 9할이라면 경북 영주군 부석면 하감리의 어느 꼬맹이처럼 여섯 살에 책과 공책을 보자기에 싸 메고 학교의 문을 열고 들어서는 경우도 간혹 있었다.

의기(宜基)

새로운 세상
신촌

뜨거운 복사열이 아스팔트를 달구고 있었다. 8월에 접어든 오후 2시의 햇살 아래선 잠시 피할 그늘조차도 없었다. 내딛는 걸음마다 사람들의 몸에선 쥐어짜낸 국물마냥 땀방울이 솟았다. 신촌로터리 주변을 걷는 사람들 중 나이 든 여자들은 너나없이 양산을 펼쳐 들고 있었다.

의기는 로터리를 지나 서강대 쪽으로 난 길을 오르고 있었다. 그는 곤색 티셔츠에 건빵주머니가 달린 면바지를 입고 있었다. 군복과 같은 카키색이었다. 뜨거운 날씨 때문에 상의의 소매는 팔꿈치까지 접혀 있었다. 가끔 그의 옆을 스치는 사람들 중 몇은 더워 보이는 그의 복장에 눈길을 주었지만 마른 체형의 당사자는 땀에 전 상태에서도 크게 개의치 않은 기색이었다.

버스정류장 앞 가판대에 꽂혀 있는 신문들의 1면은 모두 반면짜리 사진으로 도배되어 있었다. '대한민국 올림픽 최초 금메달 쾌거!' 대문짝만 한 제목의 아래엔 레슬링에서 숙적인 몽골의 선수를 누르고 금메달을 딴 양정모 선수가 두 팔을 높이 들어 올린 사진이 들어차 있었다.

"축하합니다."

아침에 집에서 받아 본 신문에도 있던 그 얼굴. 진심 어린 축하를 건넨 후 의기는 학교를 향해 다시 언덕길을 올랐다.

방학 중임에도 보도와 골목엔 적지 않은 학생들이 있었다. 그들이 다니는 길엔 전경과 짝을 이뤄 오가는 사람들에게 매의 눈길을 드리우는 점퍼 차림의 형사가 있었지만 그저 일상 속에 들어와 있는 풍경일 뿐이었다. 형사가 둘씩이나 짝지어 있는 경우도 다반사였다. 종로든 명동이든 신촌이든, 혹은 대학가 어디서든 서울이라면 흔하디흔한 일상이었다.

전경과 함께 서 있던 형사가 돌연 의기의 앞을 가로막고 신분증 제출을 요구했다. 의기는 어깨에 걸친 가방에서 도서 열람증을 꺼내 그의 코앞에 내밀었다.

"신입생이네. 가방 안 좀 보겠습니다."

형사는 상대방의 허락은 안중에도 없는 듯 홀쭉한 의기의 가방 안으로 손을 집어넣었다. 그러곤 책 한 권을 꺼내 표지를 살폈다.

"고도우를 기다리며? 고도우?"

서강대학교 도서관. 파란색의 도장이 선명한 책이었다. 엄지손가락을 튕겨가며 책장을 빠르게 넘기는 틈틈이 형사는 의기의 표정을 살폈다.

'네가 사무엘 베케트를 알면 내가 성을 갈아버릴게.'

의기는 되새김질하는 소처럼 입을 다문 채로 턱을 엇갈려 움직였다.

'어떻게 살면 인상이 저렇게 더러울까? 시궁창에서 막 나온 쥐가 따로 없네.'

의기는 힐끗거리는 형사의 눈을 피하며 속으로 씹어뱉었다.

가방에서 시빗거리를 찾지 못한 형사가 의기의 바지 허벅지에 달린 건빵주머니를 가리켰다. 의기는 개나리 담배를 꺼내 내밀면서 씩 웃어보였다. 불쾌함과 경멸, 그리고 공포가 동시에 묻어난 웃음이었다.

검문을 하는 내내 의기의 흰 고무신을 힐끗거리던 형사가 가방과 열람증을 건네며 가라는 손짓을 했다. 의기는 다시 바지 주머니에 손을 꽂은 채로 건들건들 걸었다. 두어 걸음 멀어진 등 뒤에서 형사의 중얼거림이 들렸다.

"별 거지같은 놈 다 보겠네. 1학년짜리가…. 얼굴은 채 익지도 않은 놈이 개똥철학 하는 모양이네."

긴급조치 아래의 세상에선 수긍해야만 하는 그림이었다. 사복 차림의 형사가 자기 신분을 밝히지도 않은 채 마음껏 검문할 수 있는 세상. 학년이나 과목을 가리지 않고 형사가 멋대로 들어와 학생인 양 자리 차지하기 일쑤인 대학의 강의실들. 그들의 한쪽

귀엔 항상 흰색의 이어폰이 꽂혀 있었다.

강의를 하는 교수나 수업을 듣는 학생이나 할 수 있는 것이라 곤 그들에게 경멸의 눈빛을 보내는 것뿐. 선배들의 얘기에 의하면 현재의 9호는 긴급조치 중 최종보스급이라고 했다. 발동되자마자 모든 대학의 학생회가 폐지되고 그 자리를 학도호국단이라는 괴 조직이 대신했을 정도로.

왜에 불러 왜에 불러 돌아서어서 가는 사아람을
왜에 불러 왜에 불러…

의기는 일부러 형사의 귓가에 들릴락 말락 한 목소리로 송창식의 노래를 흥얼거렸다. 그 노래로 지난 연말 가수는 시상식에서 가수왕으로 등극했지만 정작 노래는 금지곡이 되었다. 저잣거리의 깡패처럼 아무나 불러 세워서는 가방을 멋대로 뒤지는 자에게 금지곡을 불러주는 게 마땅하다고 의기는 생각했다.

왜 노래를 유치장에 가두었는지 정부나 담당 기관은 상세하게 설명하지 않았다. 묻는 사람도 없었다. 단지 공권력이 부를 때 쪼르르 달려와 자신을 대령하지 않고 돌아서서 제 길 가는 것 자체를 반역으로 정의한 것 아니냐는 해석만 난무할 뿐이었다.

"행색이 그러니 검문을 당하지!"

누군가 의기의 어깨에 손을 걸치며 이죽거렸다. 같은 무역학과

　　　　　　　　　　　　　　　　　　　　　　　　의기(宜基)

의 신입생인 친구였는데 도무지 이름을 기억할 수가 없다. 교양 과목을 같이 들었나? 기억을 더듬던 그의 입안에서 짧은 감탄사가 터졌다.

'아, 헤드스타트!'

입학 전 3주가량 밟았던 그 과정의 같은 반 친구였던 것이다. 등록금에 비길 바는 아니나 결코 적지 않은 금액을 지불한 수강이었으니 이름은 몰라도 얼굴을 기억할 수밖에 없었다.

미국인 담당선생과 주제별로 이런저런 얘기를 나누는 회화 수업이었다. 선생과 학생 사이에 오로지 영어만 오가는 수업인데 제법 수강을 신청한 학생들이 많았다. 영문과를 제외한 다른 학과에서도 미국인 교수들이 더러 있었기 때문이었다.

사실 형편을 따지면 결코 신청할 수 없는 수업이었다. 책값과 등록금을 대기에도 벅찬 가난이었다. 여섯 남매 중 유일하게 대학을 간 막내에게 등록금을 마련해주는 것만으로도 급격히 추락한 살림살이엔 빠듯했다. 그 형편을 알면서도 의기는 '헤드스타트'에 대한 미련을 버리지 못했다.

애초에 무역학과를 선택한 이유가 자신이 성공해서 집안을 일으키고 싶었기 때문이었다. 무역으로 돈을 벌자는 놈이 영어 한마디 벙긋하지 못해서야, 또한 교수가 무슨 얘기를 하는지 알아먹지 못해서야 되겠는가. 해서 조금만 더 도와달라고 가족들에게 읍소를 했던 것인데 신문사의 경리로 취직해 있던 누이 주숙이 흔쾌히 수강료를 마련해주었다.

"이 뜨거운 여름날에 학교엔 웬일이냐?"

"나야 뭐, 술밖에 더 있겠어? 그런 너는?"

어깨에 얹혀 있는 팔을 걷어내며 묻는 의기에게 친구가 되물었다.

"시방 동아리방에 가시는 중이다. 쿠사."

"엥, 쿠사야? 거긴 놀고먹는 동아리 아니냐?"

의기가 갑자기 멈춰 서더니 친구에게 코웃음을 날렸다.

"마, 유네스코를 어떻게 보고 놀고먹다니. 2주 전에 다녀온 농촌봉사활동 평가회 겸 모이는 거라고. 내가 너처럼 놀고먹는 대학생인 줄 아냐, 훔!"

말은 그렇게 했지만 의기는 가슴 한편이 바늘에 찔린 기분이었다. 애초에 기대했던 쿠사(KUSA)의 모습에 많이 못 미쳤기 때문이다. 유네스코학생회라는 거창한 이름이 무색할 만큼.

"먼저 간다."

학교 정문을 들어서자마자 친구는 소나무가 늘어서 있는 언덕을 향해 바람처럼 뛰었다. 달려오는 그를 향해 멀리서 앉아 있던 친구들 몇이 손을 흔들었다. 의기는 그와는 반대 방향인 학생회관을 향해 언덕을 올랐다.

학생회관을 들어서니 식당에서 여남은 명의 학생들이 군데군데 흩어 앉아 담소를 나누고 있었다. 대학은 좀 많이 다른 것 같

의기(宜基)

다는 생각을 지울 수 없었다. 방학인데도 꽤 많은 사람들이 학교와 주변에 있다. 그들 중 대부분은 학생일 것이다. 교정 곳곳뿐 아니라 학생회관의 동아리방도 빈 곳 하나 없어 보였다.

중고등학교 시절을 돌아보면 방학 때 학교를 찾는 일은 흔치가 않았다. 친구들과 공을 찰 일 이외에는 지긋지긋한 학교를, 그것도 버스를 타면서까지 찾을 일이 없었기 때문이다. 그저 동네에서 친구들과 돌아다니며 가족과 못 나눈 이야기를 풀어내는 것으로 만족했었다.

하지만 대학은 뭐가 다른 걸까. 하다못해 친구들과 한잔을 기울이기 위해서라도 모두 방학 중의 학교와 그 근처를 배회하는 것만 같았다. 하긴 대학 주변은 술집에서 맘속의 화를 풀어내거나 정부에 대한 온갖 험담을 해도 막걸리보안법이 적용되지 않는 치외법권지 같기도 했다. 순종과 반역이 허리띠 풀러놓고 맘 놓고 논쟁할 수 있는 곳.

활짝 열린 동아리방으로 들어서자 이미 와 있는 예닐곱 명 회원들이 반갑게 의기를 맞아주었다. 열려 있는 창문으로 바람보다 높은 밀도의 열기가 함께 스며들었다. 채 자리에 앉기도 전에 3학년인 선배가 의기를 향해 말했다.

"어서 와. 최고의 일꾼이 오셨네. 그러잖아도 지금 강원도로 농촌봉사 갔던 얘기를 하고 있었는데. 너도 기억하지 그 앙상한 나무다리? 사람은 다리 위로 건너고 소는 옆에서 개울을 직접 가로 지르던 장면 말이야."

"물론이죠. 그런데 그건 큰 다리 없는 시골에선 흔한 풍경인데요. 징검다리를 건널 때도 그렇고. 지게에 나무를 한 짐 싣고 건너던 영감님 뒤로 꼬맹이 손녀가 졸졸 따르던 모습이 전 더 재밌던데요."

"그랬나? 그럼 우리가 이번에 도와주고 온 시멘트 다리가 다 굳고 완성되면 없어질 풍경이겠네?"

바로 옆에 앉아 있던 여자 동기 영란이 자부심과 아쉬움이 섞인 표정을 지으며 물었다. 서울에서 태어나고 자라서 시골은 처음이라던, 유독 흰 피부 때문인지 마을 여자아이들의 부러움을 한 몸에 받았던 친구였다.

"그렇겠지. 마을 안에 새 도로를 깔아야 한다고 이장님이 그랬잖아. 그것 때문에 다리를 지은 거고. 공사를 위한 트럭이 드나들어야 하니까."

이야기판은 농촌봉사에 대한 후일담으로 모아지고 있었다. 나중에 들어오는 사람들도 자연스레 그 판에 끼어들었다. 평가회라고 이름은 지어졌으나 굳이 항목이나 순서 등 형식이 동반되지는 않았다.

봉사 대장을 했던 3학년 선배가 가끔 회원들에게 질문을 하긴 했으나 그 스스로도 뭔가를 받아 적거나 하지는 않았다. 오지 산골에 가서 봉사를 하고 왔다는 자부심과 재미있었던 일화가 난무했다. 하지만 함께 즐거워하면서도 느끼면서도 의기는 가슴 한구석에 찬바람이 스미는 것 같은 불편함을 동시에 느끼고 있었다.

어릴 적 고향에서 보았던 반딧불이의 깜박거림이 눈앞에서 펼쳐지고 있었다. 반복되는 순간마다 자책감 같은 것이 찾아들었다. 그는 정리되지 않는 마음을 가라앉히기라도 할 듯 말없이 창밖만 응시했다. 한 무리의 친구들이 농구 골대 밑에서 땀범벅이 되어 자학에 가까운 몸싸움을 하고 있었다.

"의기는 무슨 생각을 하고 있니? 뭔가 고민이 있는 얼굴일세."

봉사 대장이었던 선배가 튕기듯 질문을 던졌다. 돌발적으로 지목을 당한 의기는 깜짝 놀라 방 안을 둘러보았다. 모두의 시선이 자신에게 쏠려 있었다. 어떤 생각을 하고 있었고, 무슨 말을 하고 싶은지 정리해보려 애썼지만 도무지 정리할 수가 없었다.

"뭘, 고민이라기보단… 모르겠어요. 열심히 한다고 하긴 했는데 과연 얼마나 좋아들 하셨을지. 그리고… 일손 돕는 것 외에 그분들한테 정작 필요한 것은 없었을까 하는…."

잠시 정적이 감돌았다. 책받침 부채 소리만이 간간이 들릴 뿐이었다. 자신이 만든 분위기에 쑥스러워진 의기는 어깨와 목을 살짝 움츠렸다.

"죄송합니다. 머릿속이 복잡하기만 해가지곤. 횡설수설했죠?

헤헤!"

볕 좋은 날, 서늘한 일기

올해 중학교를 졸업했다던 선자는 이장의 딸이다. 앉아 있을 때 그 아이는 뭐든 가릴 것만 있으면 자신의 발을 가렸다. 자신의 발이 너무 검고 거칠어 보였기 때문이었을까. 정 가릴 게 없으면 자신의 손으로 발등이라도 가렸다. 서울에서 온 대학생들과 잠시 휴식의 짬을 내어 도란도란 이야기를 나눌 때면 여지없이 그랬다. 하지만 그 손등도 황토색이기는 마찬가지였다.

마주보며 웃는 와중에도 나는 속으로 가리지 말라고 몇 번이고 도리질을 쳤다. 내 눈엔 지극히 아름다운 손과 발을 가진 십대 소녀일 뿐이었다. 부모의 농사일을 돕느라 감색이 되어버린 그 손과 발은 한없이 예뻐 보였다.

봄에 제대를 한 형필 형은 공병대 출신이었다. 뭐든 부수거나 짓는 것이 끼니를 채우는 것과 같다고 너스레를 떨었다. 머리끝에서 발끝까지 번득이는 구릿빛이었다. 열다섯 걸음 정도 폭의 개울 위에 돌과 시멘트, 때로 모래까지 섞어 다리를 만들 때 형은 자연스레 진두지휘를 했다. 마을 어른도 모두 그에게 지휘를 맡겼다. 마을에선 누구도 시멘트를 써본 적이 없었다.

의기(宜基)

공사를 하는 곳에서 고개를 들면 멀지 않은 곳에 나무로 만든 다리가 있었다. 어른 둘이 나란히 지나가기에도 좁은 자그마한 그 다리가 마을 바깥으로 나가는 유일한 건널목이었다. 물론 다른 방법이 없는 것은 아니었다. 하지만 그러려면 마을 뒷산을 넘어야 했다.

다리 공사에 여념 없던 어느 오후 대원들의 눈에 지게 짐을 지고 다리를 건너는 할아버지와 그의 줄에 이끌려 바로 옆에서 야트막한 개울을 건너던 한 마리의 소가 들어왔다. 그리고 따분한 표정으로 할배의 뒤를 따라가던 손녀. 은빛 햇살과 함께 부서지는 아름다운 풍경이었다.

"오호라, 장갑차가 지나가도 되겠네!"

형의 과장 가득한 감탄사였다. 역시 사람 손 무섭다! 일머리 없는 병졸들이었지만 떼로 덤비니 며칠 만에 뚝딱 다리가 탄생했다. 이제 트럭으로 시멘트뿐 아니라 철근까지도 마을 안으로 들여놓을 수 있겠다.

준배 형은 동갑내기인 형필 형과 달리 말수가 적었다. 저녁에 우리와 막걸리 잔을 돌릴 때도 간간이 웃음만 지을 뿐이었다. 태생이 수줍은 것일까. 어쩌다 우리 일행 중 몇 안 되는 여학생과 눈이라도 마주칠 때면 귓불까지 빨개졌다. 과묵한 자의 특징. 말보다 행동. 쉼 없이 일한다. 그리고 봉사대 막내인 내게도 말을 놓지 않았다. 모두 휴식을 취할 때 형은 멀리 떨어져 담배만 피운다. 그 속을 알기엔 일주일이란 시간이 너무 짧다.

"의기 씨, 인천은 인구가 얼마나 돼요?"

형의 질문에 나는 답을 주지 못했다. 인천에 대해 아는 게 없기 때문이다. 서울과 아주 가깝다고만 했다. 추석을 쇠고 나면 형은 인천으로 갈 거라고 했다. 군대 동기가 일하는 공장에 취직한단다. 왜 떠나려 하냐고, 일행과 떨어져 있는 그와 담배를 나누며 조심스레 물었다.

"여긴⋯."

형은 적당한 단어를 찾는지 한동안 뒷산 언저리를 두리번거렸다.

"미래가 없어요."

일순 둔기로 머리를 맞은 기분이었다. 그의 고향을 도우려 왔는데 당사자는 마음이 떠나 있다. 문득 고향에서 농사를 짓고 있는 큰형이 떠올랐다. 열한 살이나 많아 삼촌 같았던 정기 형. 그 형도 같은 말을 했었다.

"통일벼를 심고 나서 수확량은 늘었는데, 그리고 정부가 장려하는 거니까 수매가도 더 좋은데 지으면 지을수록 빚만 늘어. 쌀이든 콩이든 무얼 해도 마찬가지야. 미래가 안 보여. 이래가지곤 너를 도울 수도 없어."

큰형의 두 눈에선 고통이 진물처럼 흘렀다.

의기(宜基)

미순은 마을의 여자 중 단 한 명 남은 이십 대다. 갓 스물. 일행 중 내 동기인 영란과 동갑이다. 아, 나보다는 두 살이 많은 누나다. 물론 아무도 모르는 사실이다. 미순이 고향을 떠나지 않은 이유는 딱 하나, 형필 형의 배필이기 때문이었다. 아직 정식 혼례를 올리지 않았을 뿐. 어릴 적 양가 부모가 농담처럼 맺어준 짝에게 언제부턴가 마음을 뺏겼더란다.

친구들은 다들 서울로, 인천으로 떠났다. 그중 절반은 중학교를 나오자마자 고향을 떴다. 아직 어린 나이에도 명절 때면 도회지풍의 옷을 걸치고 고향을 찾아온다고 했다. 손에는 촌에선 볼 수 없는 선물 꾸러미를 들고. 남동생들의 학비에 보태라고 돈을 보내주는 것도 그들이었다. 언니들도 마찬가지라 했다. 서울로, 인천으로. 처녀들은 대부분 같은 과정을 대물림하듯 동생들에게 전해주었다. 내 눈엔 그렇게 보인다.

덕궁은 유달리 나를 따랐다. 타고난 개구쟁이다. 이제 열두 살인 녀석의 관심은 오로지 아지뿐이었다. 아지는 자기 집 송아지에게 녀석이 지어준 이름이다. 녀석은 자주 아지와 마을 산책을 나왔다. 녀석은 외양간도 제집처럼 드나들었다. 희한하게 아지의 어미도 덕궁이 제 새끼를 데리고 나가는 것을 개의치 않는다고 했다.

"아지는 내 거예요. 아버지가 저한테 줬어요. 그래서 열심히 돌보는 거예요. 아버지가 그러는데 아지를 잘 키우면 제가 춘천에 있는 고등학교도 가고, 대학에도 갈 수 있대요.”

덕궁은 아지처럼 크고 선한 눈을 가졌다. 녀석의 눈을 빤히 보고 있으면 텀벙 빠져들 것만 같다.

하루일과를 끝내고 나면 마을 청년들과 함께 막걸리 잔을 돌렸다. 저녁밥과 함께 먹는 맛난 술이다. 어른들은 잔이 두어 순배 돌고 나면 젊은 사람들을 위해 자리를 떴다. 밀가루 막걸리는 도통 맛을 모르겠다는 푸념을 섞으면서.

먹는 것보다 씻는 것이 우선이다. 온종일 땀에 절었으니 남녀 할 것 없이 몸에선 쉰내가 진동했다. 남자들은 등목을 했는데 상류로 올라간 여자들은 어떻게 씻었는지 알 길이 없다. 인솔자인 미순이 어련히 알아서 했을 것이다. 씻기 위해 우르르 몰려갈 때면 동네 어린 친구들의 눈길이 뒤를 쫓는다. 여자애들의 표정엔 정체 모를 동경의 빛이 덕지덕지 묻어나온다. 내가 너무 예민한 걸까.

집집마다 마당에선 고추를 말렸다. 아침에 마당에 깐 멍석 위에 고추를 널었다가 해 지기 전에 거둬들이기를 반복하다보면 빨간빛도 곱게 말라갔다. 널린 고추가 없는 마당에선 아이들이 비석치기를 했다. 우리도 가끔 어울렸지만 꼬마들의 실력이 늘 위였다. 마을의 전통이었는지 집집마다 살구나무 한 그루씩은

의기(宜基)

꼭 있다.

여학생들은 종종 꼬마들을 한 집에 모아놓고 공부를 도와주기도 하고 율동도 가르쳤다. 임시 탁아소가 따로 없다. 싸리나무로 만든 닭장 안에서는 아침마다 수탉들이 울어댔다. 낯선 존재에 대한 경계였을까. 녀석들은 우리가 가까이 다가갈 때마다 대낮에도 소리를 질러댔다. 두 귀를 바짝 붙이고 꼬리를 흔들어대는 개들이 훨씬 양순하다.

참 때가 되면 동네 아주머니 둘이 소쿠리를 머리에 이고 나타났다. 오랜 세월 반지르르하게 손때가 묻은 소쿠리 안엔 감자며 옥수수, 김치에 막걸리, 또한 4홉들이 독한 소주도 더러 있었다. 허기도 살짝 면하고 낮술도 살짝 얼근해지면 그 힘으로 또 몇 시간을 너끈히 버티며 일을 할 수 있었다. 고추장이나 된장이 손에 묻으면 남녀를 불문하고 입으로 가져간다. 손가락을 빨다보면 곁들여진 땀이 더 짭짤했다. 그러고도 묻은 잔해는 교련복 바지에 쓱쓱.

동네엔 경운기도 한 대, 달구지도 한 대 있었다. 아니, 한 대가 더 있는데 삭고 낡아서 고쳐서 쓰면 된다고 했다. 누구든 사용할 일이 있을 때마다 이장과 소유주에게 양해를 구했고, 그 사용을 놓고 다툼이 있어본 적은 단 한 번도 없다고 했다.

웬만한 건 지게로 다 져 날랐는데 그 짐의 크기가 집채만 해보였다. 우리 일행 중 몇이 시도했다가 지게를 건네준 노인들에게 지청구만 들었다. 허리 굽은 노인의 그저 툭 하고 내려놓는 도끼질 한 번에 한 뼘 너비의 장작이 쪼개진다. 한여름에 장작 팰 일은 없었으나 젊은이들의 힘을 보자고 잘린 통나무 두어 개를 가져와 장난을 거셨다. 그 도끼를 받아들고 나도 수차례 도전했지만 어림도 없다. 부질없이 어깨에 힘만 잔뜩 들었다. 노인은 혀를 차면서도 정겨운 미소를 듬뿍 보내주었다.

사진 속의 얼굴들이 하나씩 사라진다. 마을의 풍경은 변함이 없다. 초가집, 외양간, DDT 소독을 하던 헛간들, 피를 솎아내던 논, 고추밭, 콩밭, 옥수수, 굽이도는 개울, 밤하늘을 수놓은 은하수도 그대로인데 사람만 사라진다. 선자, 준배 형, 덕궁, 그리고 마을에 남아 있던 청년들이 사라진 그 풍경 속에 가가호호 돌면서 안부를 확인하는 백발의 이장님이 있다.

이장님, 언제 백발이 되셨어요? 새마을지도자가 되어 고향을 지키겠다던 형필 형과 미순은 어디에 있는지 나도 이장님을 따라다니며 찾아본다.

등줄기가 서늘한데 이마에선 땀이 흐른다. 환영? 꿈? 눈을 부릅뜨고 일어나 보니 우리 숙소인 마을의 빈 초가삼간이다. 좁은 방 안 가득 코골이 소리가 진동하고 있다.

의기(宜基)

"해가 갈수록 풍성해지고 웃음이 넘쳐야겠죠? 우리가 갔던 그 마을이. 그러라고 우리가 일주일 동안 꾀 안 부리고 열심히 봉사했던 거고요."

의기는 말을 잠시 멈추고 막걸리 잔을 입으로 가져갔다. 가락을 맞추기라도 하듯 마주 앉은 선배도 자신의 소주잔을 들었다. 잔을 들이켠 그가 담뱃재를 재떨이에 툭 털어내고는 바로 한 모금 깊게 빨아들였다.

서강대생들의 단골 가게 중 하나인 잉어집 안은 늦은 오후에 벌써 버글거렸다. 가장 안쪽 식탁에 둘러앉은 예닐곱의 쿠사 회원들 중 의기의 앞에만 양은 막걸리 잔이 놓여 있었다. 안주로 나온 동태찌개는 벌써 바닥을 보이고 있다. 동료들의 이목이 의기에게 쏠렸다. 선배가 손짓으로 주의를 끌었기 때문이었다. 벽에 달린 선풍기들이 열심히 더운 바람을 내보냈다. 여기저기서 뿜어대는 담배 연기가 망나니 칼춤 추듯 그 바람에 섞인다.

"어차피 그 마을도 갈수록 빌 거 아닙니까? 젊은 사람들이 전부 도시로 빠져나가고 나면 피던 웃음꽃도 다 지겠네. 한 이십 년 지나면 젊은 사람들뿐 아니라 애기들도 씨가 마르지 않겠어요?"

"너무 비관적으로 생각하는 것 아닌가?"

"일단 우리가 어떻게 할 수 있는 것은 아닌데 뭘."

귀 기울였던 동료들이 이내 시큰둥한 표정을 보였다. 그들 눈엔 신입생이 흔히 보일 수 있는 열정 정도였다. 같은 신입생인 동기들의 표정도 별반 다르지 않았다.

"할 수 있는 게 있는지 없는지를 알아보기 위해서 최소한 공부라도 해야 하는 것 아닌가요? 농촌의 현실에 대해 깡 무식한 상태로 봉사를 하러 간다는 것은 마을과 그 사람들에 대한 예의가 아니라고 봐요. 그분들이 가슴에서 꺼내는 얘기를 이해할 수도 없고요."

의기의 말은 주변의 두런거림에 묻혔다. 그의 입에서 공부라는 단어가 나왔을 때부터 분위기는 이미 산만해지기 시작했다. 마주앉은 선배가 의기의 턱밑으로 다시 잔을 들었다. 의기는 말 잇기를 포기하고 채워져 있던 자신의 잔을 비웠다.

온몸에서 기운이 쏙 빠져나가는 기분이었다. 떡심이 풀린다는 게 이런 건가. 자신의 입에서 공부라는 말이 튀어나왔을 때 마주한 선배의 눈에 일순 어린 경계의 빛을 그는 보았다. 의기는 화장실 간다는 핑계를 대고 자리에서 일어났다.

볼일을 보고 나온 그는 술집 앞에 멈춰 서서 담배에 불을 붙였다. 버스가 요란한 엔진음을 내며 앞을 지날 때마다 아스팔트의 열기가 덮쳐왔다.

'유네스코학생회 쿠사가 기치로 삼는 새물결운동은 정체가 있기나 한 걸까? 축제 기간에 술장사하고, 엠티 가서는 밤새 술 먹고, 대상에 대한 사전지식도 없이 봉사활동이라는 것을 하고….

의기(宜基)

농촌 현실을 좀 알아보자는 게 정치적으로 보였단 말인가. 겁먹기는! 염병, 같이 할 사람 없으면 나 혼자라도 한다!'

의기는 해거름의 하늘을 향해 사납게 담배 연기를 뿜었다. 입 안으로 쏟아져 들어오는 대로의 열기가 쓰고 뜨거웠다.

벼락손님 가난
마장동

큰 애기 사공이면 누가 뭐라나

늙으신 부모님은 내가 모시고

11월 초 싸늘한 새벽 공기를 가르며 〈처녀 뱃사공〉을 부르는 의기의 소리가 구성지다. 철공소 철문 바로 안쪽에 떨어져 있는 조간신문을 집어 들며 의기는 코끝을 갖다 대 잉크의 냄새를 맡아본다. 새 신문의 잉크 내를 맡으면 살짝 허기를 느꼈다.

항상 식구들 중에서 의기가 제일 먼저 신문을 집어 들었다. 그리고 방에서 나와 신문 앞으로 가는 동안 아직 잠자리에 갇힌 다른 식구들의 귀에도 닿을 만큼 씩씩하게 노래를 불렀다. 그가 소리를 줄여 흥얼거릴 때는 〈농민가〉 등을 부를 때뿐이었다. 의기는 여전히 한 구절을 더 흥얼거리며 뒷간으로 향했다.

에헤야 데헤야 노를 저어라

의기(宜基)

삿대를 저어라

"예상대로 지미 카터가 대통령이 되었단 말이지."

쭈그리고 앉자마자 1면을 편 의기가 중얼거렸다. 가을이 많이
깊어서인지 뒷간의 아랫녘에서 올라오는 냄새가 별로 심하지 않
았다. 담배 연기를 뿜어내며 신문을 펼쳐 넘기는 그의 손놀림이
재다.

"선거를 통해 정식 대통령 인증을 받으려 했던 포드의 꿈은 물
건너갔네. 그나저나 미국의 민주당 대통령이 우리나라에 미칠
영향력이 얼마나 있을까나…."

포드는 대통령이었던 리처드 닉슨이 민주당 도청혐의로 물러
나자 부통령에서 대통령으로 자동으로 이동한 인물이었다. 그는
재임 중에 닉슨의 죄를 사면했다. 그게 자기 무덤을 판 것이라고
의기는 믿었다. 하지만 그 덕에 카터가 당선된 것 같아 다행인지
도 모르겠다는 생각도 들었다.

의기는 최근 신문을 장식했던 굵직한 사건들을 떠올려보았다.
가을 들어서부터 큰 뉴스들이 제법 터져 나왔다. 중국의 오랜 통
치자 모택통(마오쩌둥)이 죽었다. 대장정의 혁명가, 그리고 국민
당을 몰아내고 중국에 하나의 공산정부를 세운 희대의 전략가.
온갖 난관들을 이겨내고 8억의 인구를 이끌었던 거인이 여든셋
의 삶을 마감했다.

전 세계적으로도 큰 뉴스거리였다. 그의 사후 중국 권력판도의 변화가 세계정세에 영향을 미칠 수 있었기 때문이었다. 거인이 이승을 등진 날도 하필 9월 9일이라 많은 사람들이 중국식 표현을 빌려 쌍구절에 갔다고들 했다.

한 달 뒤 화국봉(화궈펑)이 공석이었던 당주석의 자리에 올랐다. 사전에 그는 모택동의 부인인 강청(장칭)을 비롯한 4인방을 급습해 체포했다. 모택동의 주변에서 권력의 정점에 있던 그들은 졸지에 온갖 악행과 부패의 원흉이 되었으며 숙청의 길을 걸을 것이다. 인접국인 한국의 기자들은 전문가라는 사람들을 찾아다니며 중국의 미래를 그려보느라 바빴다.

태국의 민간정부가 전복되고 군부가 권력을 잡았다. 군부의 집권에 반대하며 시위를 벌이던 대학생 수백여 명이 학살되었다는 소식도 들렸다. 미국의 〈뉴스위크〉지를 통해서 기사를 접했다는 한 선배의 전언을 통해서였다.

국내 언론에서는 민간정부의 부패가 군부반정의 이유였다는 점을 대세로 몰아가는 분위기였다. 작년 베트남의 공산화 직후 연이은 긴급조치로 자국의 언론과 국민을 통제하고 있는 대한민국의 군사정부에겐 마르코스의 필리핀 이후 오랜만에 연합군이 생긴 것일까.

신안 앞바다 속에서 엄청난 가치의 보물들이 발견되었다고 했다. 송나라와 원나라 시대의 청자와 같은 보물들이라고 연일 호

들갑인데 의기는 그 이유를 잘 이해할 수 없었다. 고려든 조선이든 우리 것이 아닌 중국의 청자나 자기들을 가지고 뭔 설레발들인지.

불과 며칠 전엔 울릉도에 폭풍이 몰아쳤다. 10월 말에 폭풍이라니. 내륙에선 상상하기 힘든 그것이 먼바다에서는 가능한 모양이다. 사흘 동안 몰아쳐 주로 오징어잡이에 쓰인 어선이 마흔다섯 척이나 침몰했다 했다. 사망자와 실종자를 합해서 4백 명이 넘었다는데 실종자는 필시 돌아올 수 없는 강을 건넜을 것이다. 대한민국 역사상 최악의 해상어업사고라고들 했다. 남편과 가장들을 해신에게 빼앗긴 가족들의 울부짖음이 아직도 들리는 듯하다.

일을 마치고 나온 의기가 몸에 밴 냄새도 빼고 바람도 쐴 겸 철공소 내의 작은 마당을 서성였다. 인근에선 그나마 기중 큰 편이어서 철공소 입구 안에 작으나마 마당을 갖고 있었다. 다른 철공소들은 마치 가게처럼 도로변에 나 있는 셔터를 올리면 그곳이 곧 철공소였다.

그새 여명이 찾아오려는지 담 너머 먼 하늘 끝에 파란빛이 스며들고 있었다. 아직은 적막뿐인 이 마장동과 용두동 언저리의 작은 철공소들의 골목은 곧 부산한 출근의 발걸음들로 소란스러울 것이다.

의기는 철공소 작업장에 덧댄 듯 붙어 있는 숙소를 바라보았다. 말이 숙소지 허름하기 그지없는 가건물이었다. 마치 앵글과 판자로 짜서 바닥과 벽을 이어 붙인 후 문을 낸 것 같았다. 천장을 덮고 있는 것은 한 겹의 방수포뿐이었다.

그곳에서 어찌어찌 여름을 나고 겨울을 견뎠다. 비좁은 방 다섯 개로 이루어진 숙소의 가운데는 철공소 식구들의 식당이었다. 그곳에서 어머니는 일꾼들의 밥을 해줬다. 두 개의 방은 철공소 직원들의 기숙사였고, 부모와 신문사 경리로 있는 누나 주숙이 한방, 철공소에서 일하고 있는 셋째 형 관기와 의기가 남은 방을 썼다. 맨 처음이자 입구인 의기의 방은 그나마 햇빛이 드는 유일한 방이었다.

허나 그 전체가 방이라 해야 할지 칸이라 해야 할지 구분하기 힘들었다. 비록 시골이었지만 여유로운 공간이었던 사택과는 하늘과 땅만큼의 차이였다. 그곳엔 열기와 냉기를 막아줄 수 있는 벽과 바닥, 그리고 지붕이 있었다. 또한 널찍한 마당엔 우물과 꽃밭도 있었다.

고향인 경북 영주에서 서울로 올라온 것은 그가 영주중학교 2학년을 다니고 있을 때였다. 식구가 모두 아버지의 근무지를 따라 옮겨 다녔던 탓에 초등학교를 세 군데나 다녀야 했다. 중학교는 읍내에만 있었기 때문에 버스 통학을 했다. 하지만 서울로 이사한 이유는 아버지의 근무지와는 하등 관련이 없는 것이었다.

　　　　　　　　　　　　　　　　　　의기(宜基)

어느 날부터인가 일단의 사람들이 아버지가 근무하는 지서에 찾아오기 시작했다. 때론 사택까지 쳐들어와 아버지를 찾았다. 의기는 나중에 알게 된 사실이었지만 작은아버지, 즉 삼촌이 동네 사람들의 돈을 떼어먹고 야반도주를 한 모양이었다. 돈을 빌린 당사자의 형이 지역의 경찰 지서장이었으니 누구도 떼일 거라 의심을 하지 않았던 것이다.

아버지가 감당할 수 없는 광풍이었으리라. 단순히 동생이 싸질러 놓은 똥을 형이 치워주는 일이 아닌 것이었다. 사건 접수를 하고 수배 절차를 밟을 수는 있었으나 피해자들의 요구는 단순했다. 대신 갚으라는 것이었다. 하지만 동생이 뗀 돈을 대신 갚을 능력이 있는 것도 아니었다.

정작 감당할 수 없는 것은 수치심이었다. 술과 그 자리를 좋아해서 아내에게 잔소리 꽤나 듣고 살았지만 주태 한 번 부린 적 없었다. 그리고 집에서는 일절 술을 입에 대지 않았다. 술자리에서도 흥에 겨우면 맛깔난 노래나 시조창을 하는 정도였다. 글씨도 워낙 잘 써서 당신이 붓을 한번 들면 그 일필휘지의 한자들을 서로 받아가곤 했다.

어머니도 마찬가지였다. 비록 당신의 몸이 늘 병약해도 자식들에게 싫은 소리 한 번 안 했던 분이라 시동생의 채권자들이 악다구니를 쓰더라도 맞장구를 치지 못했다. 어느 날 분을 못 이겨 주먹을 쥐고 얼굴을 붉혔던 의기에게 어머니는 그날 저녁 엄중

한 목소리로 말했다.

"너는 그 사람들의 마음을 이해하지 못한다. 그 속을 모르면 함부로 분노하거나 소리쳐서는 안 돼."

"그럼 그 사람들은요?"

"그분들은 우리의 입장을 이해해. 하지만 당장 어찌 해볼 도리가 없어 절망적이기 때문에 악쓰고 울부짖고 하는 거야."

체면을 잃고 수치심을 견디지 못한 아버지는 결국 옷을 벗고 자신의 터를 등졌다. 퇴직금을 챙겨 그 스스로 야반도주하듯 식솔을 이끌고 서울로 향했다. 부모는 자식들을 위해서 서울로 몰려가는 행렬에 합류한 것이다.

우선은 부모가 먼저 서울로 향했다. 퇴직금으로 작은 가게라도 얻을 요량이었다. 서울엔 영주에서 고등학교를 졸업하고 올라와 섬유회사에 취직한 딸이 있었다. 남매 중 셋째이자 의기에겐 큰누나인 의숙은 회사의 기숙사에서 생활하고 있었다. 고향에 남아 농사를 짓고 있는 큰아들과 면사무소에 취직해 있는 둘째 아들을 제외한 모든 식구가 낯선 서울을 제2의 고향으로 삼기로 한 것이다.

하지만 서울의 첫인사는 결코 달콤하지 않았다. 먼 시골 경북 영주에서 상경한 촌사람들에게 서울은 얼음장 같은 상처를 안겼다. 이번엔 아버지의 매부였다. 서울역에 가게 자리를 알아봐준다고 해서 퇴직금의 대부분을 미리 맡겨놓고 서울로 올라왔으나

　　　　　　　　　　　　　　　　　　　　의기(宜基)

가게는 구름 위에 뜬 가게였고 돈은 온데간데없이 사라진 뒤였다.

 인생은 참 오묘한 것이어서 남한테 아쉬운 소리, 험한 소리 한 번 안 하고 살았던 아버지는 자신의 형제들로 인해 나락으로 떨어지고 말았다. 그리고 그 나락은 식구들을 쉽게 풀어주지 않을 것이었다. 그래도 부모는 원래 계획대로 자식 셋을 서울로 불러올렸다. 저렴한 마장동에 전세방을 얻었다.

1971년

10만 원짜리 전세

단칸방

 76학번인 의기가 자신의 대학에 지불했던 한 학기 등록금의 절반도 채 안 되는 금액. 그 방의 전세가 10만 원이었다는 것을 안 지는 얼마 되지 않았다. 하지만 그 나이에 자신은 10만 원의 상대적 크기를 알 수 없었을 뿐 아니라 그 방에서 그리 오래 살지도 않았다. 하여튼 그 방에서 부모와 자신, 그리고 바로 위누나인 주숙과 셋째 형인 관기까지 다섯 명이 함께 살았다.

 영주중학교 2학년이었던 의기는 왕십리에 있는 배명중학교 2학년이 되었다. 어디를 가길래 십리길이냐고 혼자 묻고는 웃었다. 그해 겨울에 중학교 3학년이었던 주숙은 서울여상(서울여자

상업고등학교)에 시험을 봐 합격하였다. 아무리 집안이 힘들어도 자신은 공부를 더 해야겠다는 고집을 꺾지 않았다. 대신 상고를 가서 졸업하면 바로 돈을 벌겠다고 했다. 그러더니 전국 최고 여상에 떡하니 합격을 해서 부모의 입을 다물지 못하게 만들었다.

아무리 여자가 남자 형제에게 양보하는 세상이었어도 누나 주숙은 공부를 포기하기엔 너무 아까울 만큼 똑똑했다.

의기는 집안의 희망이었다. 어릴 적부터 영특했던 막내를 무슨 일이 있어도 대학에 보내야 한다는 데 의견을 달리한 가족은 아무도 없었다. 물론 막내다 보니 귀여움을 독차지하며 크기도 했다. 아버지가 당시에는 재산목록에 들어갈 만큼 비쌌던 카메라를 산 것도 오로지 의기 때문이었다.

그것으로 막내의 사진을 찍는 것이 아버지의 큰 낙이었다. 물론 너무 많은 사진을 찍을 수는 없었다. 필름을 살 때뿐 아니라 사진으로 뽑아내는 데도 적잖은 돈이 들었기 때문이다. 그래서 사진 한 장을 찍을 때마다 여간 세심한 공을 들이는 게 아니었다.

주숙이 고등학교로 진학하는 대신 고등학교 2학년이었던 형 관기가 학업을 포기했다. 워낙 공부와는 담을 쌓고 있던 그는 억지로 학교를 졸업하는 대신 몇 푼이라도 돈을 벌며 기술을 배우는 게 훨씬 이득이라는 판단을 내렸다.

"저는 빨리 돈 벌고 싶어요!"

졸업에 대한 미련이 있었는지는 정확지 않으나 부모에게는 그렇게 말했다.

관기는 집에서 멀지 않은 철공소에 취직을 했다. 마장동에는 이모부가 운영하는 철공소가 있었다. 그리고 얼마 지나지 않아 식구들이 모두 철공소로 거처를 옮겼다. 이모부가 철공 작업장에 덧대 지은 가건물을 개조해 살림을 꾸릴 수 있게 해준 것이다. 그리고 손맛 좋은 어머니는 직원들의 끼니를 책임지는 직원이 되었다.

의기의 머릿속엔 철공소로 이사하던 날의 기억이 또렷하다. 다섯 식구의 이삿짐이래야 손수레 하나밖에 안 되었는데 하필 가는 날이 장날이라고 수레 위로 비가 부슬부슬 떨어졌다.

의기는 읽었던 신문을 말끔하게 다시 접어 철문 앞에 내려놓았다. 누가 됐든 다음에 일어난 사람이 뒷간으로 가져가든 가운데 식당 칸으로 가져가든 할 것이다. 자신의 방을 향해 걸음을 옮기려는데 아버지의 옅은 기침 소리가 딱 한 번 들렸다.

아마 이불 밖에 나와서 담배를 한 대 하시는 모양이라고 의기는 생각했다. 매일 반복되는 일상이었다. 달래듯 가슴 한쪽을 쓰다듬으며 의기는 숙소로 향했다.

"거의 일 년 만이지?"

"정확히 열 달 만. 아주 오랜만이란 얘기지. 우리가 살아온 이십 년 중에 열 달이면 거의 한 세월 아니냐?"

"하긴, 우린 중학교 때부터 매일 보고 살았으니까."

이십 년에서 자신은 두 해를 빼야 했으므로 의기는 건성으로 고개를 끄덕였다. 석쇠 위에선 곱창이 익고 있었다. 배고픈 배 속으로부터 야성을 불러일으키는 냄새가 진동한다. 그사이에 석쇠 밑 벌건 연탄에서 올라오는 독한 가스 냄새가 섞이기는 했으나 배고픈 청년들의 코에 닿을 즈음엔 기름진 유혹에 들러붙어버렸다.

"지겹다. 배명중에 배명고!"

"일주일에 운동장 조회 두 번이라고 하면 친구 놈들이 교도소냐고 물어본다네, 에헤라 디야!"

일주의 말에 의기가 장단을 맞추자 친구들이 가락을 더했다.

"운동장이 볼기짝만 해 백 미터를 못 뛰었다네, 에헤라 디야!"

"썩을 놈들, 십 년 뒤에 그 시절이 그립다고만 해봐라, 에헤라 디야!"

"그럼 어쩔 건데?"

"사정없이 아가리를 찢어버려!"

누가 먼저랄 것 없이 소주잔을 들어 단숨에 들이켰다. 친구들이 석쇠 위의 곱창을 집을 때 의기는 앞에 놓인 접시에서 생간한 점을 집어 들었다. 비린내 없는 싱싱함이 혀끝에 맴돈다. 마장동 도살장 골목에서나 가능한 그 맛을 의기는 한동안 잊고 있었다.

의기(宜基)

아버지.

철공소로 이사한 지 두어 달이나 지났을까. 8월의 태풍도 끝나서 조석으로 선선한 바람이 불던 어느 날 저녁에 의기는 아버지를 따라서 이 골목에 왔었다. 트럭 한 대 정도의 너비인 개천을 건너 찾아간 그 집은 지금 친구들과 둘러앉은 집과도 가까웠다.

그때 아버지가 주문한 것도 생간과 천엽 한 접시와 곱창 한 접시였다. 우글쭈글한 연탄 통 위에서 석쇠에 구워 먹는 방식도 같았다. 친구들 앞에 진로 두꺼비 소주가 줄 서 있듯 아버지 앞에도 소주가 있었다. 다른 점은 의기 자신의 앞에 사이다 대신 막걸리가 있는 정도.

막내인 자신만을 데리고 온 아버지의 속을 의기는 짐작할 수 있었다. 귀엽고 작은 막내아들에게 뭐라도 먹이고 싶으셨을 그 속을 가늠할 만큼은 의기도 충분히 커 있었다. 시골에서의 중학 2학년이면 집안 농사일도 척척 거들 나이가 아니었던가. 또한 내장과 같은 부속보다 살코기가 훨씬 비싸고 맛있다는 정도도 알고 있었다.

그날 의기는 맛의 신세계를 경험했다. 물론 신선도 때문이기도 했지만 도살장에서 바로 나온 생간이며 천엽이 시골에서 먹던 것과 맛의 차이가 그리 크리라고는 생각도 못 했었다. 시골에선 국밥에나 넣어 먹던 내장들을 연탄불 위에서 구워 먹는 맛 또

한 세상에 없던 것이었다.

하지만 그 저녁이 마음속에 각인된 이유는 맛의 황홀함이 아니었다. 생간을 먹느라 입꼬리에 참기름과 함께 묻은 피를 닦아주려고 아버지가 엄지손가락을 쑥 내밀었을 때 의기가 보았던 아버지의 눈 때문이었다. 잘 먹는 막내를 향한 흡족함에 눈가에 주름이 질 정도로 환하게 웃던 아버지. 하지만 늘 가득 차 있던 생기가 그분의 눈 속에서 사라지고 없었다.

아버지가 다시 당신의 잔을 비울 때까지 의기는 최면에라도 걸린 듯 아버지의 그 눈에서 시선을 떼지 못했다.

그 후 지금까지도 아버지의 생기는 돌아오지 않고 있다. 영주의 지서장이었던 아버지는 이제 어디에서도 찾아볼 수 없었다. 지역의 치안과 질서를 잡아주고 동네 사람들의 하소연도 들어주던, 또한 노래와 글씨에 능했던 김억 씨는 이제 존재하지 않았다. 틈만 나면 개울에 나가 송사리며 모래무지며 가재를 잡아 매운탕을 끓여주던, 막내 앞에서 장난기가 덕지덕지 묻어나오던 아버지도 이제 존재하지 않았다.

서울에 올라온 후 아버지는 눈에 띄게 늙어갔다. 당신이 할 수 있는 게 없었다. 시골에서 식솔을 이끌고 올라온 빈털터리 가장이 젊잖게 할 수 있는 일 따위는 서울에 없었다. 가지고 있는 기술도 없고, 시골 경찰로서의 당신의 경력을 깃발처럼 펄럭이기에 서울은 너무 촘촘하고 각박한 웅덩이였다.

　　　　　　　　　　　　　　　　　　　　　　　의기(宜基)

변하기는 어머니도 마찬가지였다. 허나 그 모습은 정반대였다. 마치 물 밖으로 모습을 드러낸 바위와 같았다. 나대지 않고 늘 조용한 성격의 어머니였다. 잔병치레도 많아서 명랑이나 뇌신 같은 진통제를 달고 사셨다. 하긴 당시 시골에서는 집집마다 구비해놓은 필수 상비약이기도 했다. 머리가 아파도, 배가 아파도, 이가 아파도, 열이 나도, 생리통엔 말할 필요도 없고…. 말이 진통제지 거의 만병통치약이었다.

쌀과 명예가 사라진 집안에서 팔을 걷어 부치고 일어선 이가 어머니였다. 현실은 현실일 뿐. 담담히 그것을 받아들인 어머니의 눈빛마저 달라졌다. 그런데 사실 어린 시절을 뒤돌아보면 그것이 당신의 본모습일 거라고 의기는 생각했다.

매사에 조용했지만 부정적이었던 어머니의 모습을 떠올릴 수가 없었던 것이다. 걱정 마라. 잘될 거야. 당신은 긍정으로 가득 찬 여인이었다. 게다가 손맛은 얼마나 좋은가. 철공소의 식구들 모두 어느 밥집보다 정갈하고 맛있는 끼니를 즐겼다.

"예비고사가 끝나니까 해 가기 전에 이렇게 한번 보네. 1월 본고사까진 또 못 보겠지만 말이지. 그래도 의기 저놈이 의리는 있어. 계절에 한 번씩은 꼭 안부전화를 했거든."

재수를 하고 있는 명훈이 얼마 남지 않은 술병을 기웃거리며 말했다. 명훈뿐 아니라 마주 앉은 기용도 재수를 하고 있기는 마찬가지였다. 늘 어울려 다니던 친구들 중 대학 떨어진 후 다시 1차 대학을 목표로 재수를 하고 있었다.

"의기가 팔씨름도 약하고 까불까불하기도 하지만 속이야 워낙 깊지. 우리 명경회 회장님 아니신가!"

명훈의 입에서 명경회가 나오자 의기는 괜스레 머쓱해져서 멀쩡한 앞머리를 손끝으로 털었다. 맑은 거울이란 뜻의 명경회를 의기가 만든 데엔 딱히 거창한 이유 따위는 없었다. 그저 막역한 친구들끼리 만나서 하릴없이 몰려다니지만 말고 세상을 좀 들여다보자는 뜻이었다.

신문을 장식하는 사건에 대해 의견을 나누기도 했고, 이따금씩 소설이나 시집을 골라 감상을 나누기도 했다. 각자가 책을 사서 읽는 것은 아니었고 서점에서 사든 도서관에서 빌리든 한 권을 빠르게 돌려 읽은 다음 의견을 나누는 식이었다. 놀기는 잘해도 말주변이 달렸던 친구들은 의기의 의견에 귀를 기울이는 편이었다.

고등학교 2학년 여름방학 어느 날 의기는 포항제철을 견학한 적이 있었다. 학교 학생대표단의 자격으로 대한민국 중공업과 미래의 상징인 포항의 공장을 들어설 때 뭐라 형용할 수 없는 감동을 느꼈었다. 하지만 공정이나 장비가 모두 일본에서 온 것을 확인하자마자 감동은 비통과 분노로 바뀌었다. 그날의 느낌을 고스란히 전하고 이야기를 나누었던 곳도 다름 아닌 명경회였다.

의기의 실제 나이를 몰랐던 친구들은 그를 꽤 존중했었다. 그

의기(宜基)

건 선생들도 마찬가지였다. 2교시 끝나고 도시락을 까먹는다거나 책상 위를 쓰윽 밀어내고 팔씨름을 하거나 할 때는 영락없는 개구쟁이였지만 자신의 의견을 내놓을 때는 논리가 촘촘했기 때문이었다. 게다가 그는 삼 년 전액 장학생이었기 때문에 수업시간에 채 이해 못 한 것이 있으면 물어보곤 했는데 의기는 한 번도 귀찮은 내색을 비친 적이 없었다.

의기가 처음부터 배명고를 지원했던 것은 아니었다. 사실은 절대 들어오고 싶지 않은 학교였다. 배명중고등학교의 울타리 안에 묶이고 싶지 않았다. 2차 지원인 배명고에서 좋은 대학으로 진학하는 게 쉽지 않기 때문이었다.

해서 의기는 우선 1차로 서울사대부고의 시험을 봤다. 꼭 서울대까지는 아니더라도 연세대나 고려대에 대한 희망이 있었기 때문이었다. 물론 담임선생도 적극 지원했기에 원서를 써주었다. 내심 서울 유일의 남녀공학에 대한 호기심도 있었다.

불합격을 확인하고 집에 돌아온 날, 의기는 철공소 안의 방에서 이불을 뒤집어쓰고 누웠다. 시험 자체는 어렵다고 느꼈지만 그래도 합격에 대한 희망을 미리 거둘 정도는 아니었다. 하지만 합격자 명단에서 자신의 이름이 없는 것을 확인하자 뭐 하나 깜깜하지 않은 게 없었다.

그런 의기를 옆에서 다독여주려 애썼던 사람은 누나 주숙이었다. 합격자 발표를 보러 갔던 동생이 집에 오자마자 말도 없이 그러고 있으니 결과야 물어볼 필요도 없었다. 하지만 자신도 그렇게 마음이 아픈데 당사자는 오죽하겠냐는 심정에 주숙은 무슨 말이든 했어야만 했다.

"사내놈이 그깟 시험 떨어졌다고 이게 뭐야. 세상이 무너졌니? 일어나, 얼른! 우리 씩씩한 의기 씨가 왜 이러실까, 답지 않게!"

주숙이 의기의 몸을 흔들어도 이불 속에선 미동도 없었다. 주숙이 안달을 하고 있을 때 옆방에서 부드러운 목소리가 들려왔다.

"괜히 호들갑 떨지 말고 놔둬라."

어머니였다. 어머니다운 반응이었다. 속으로 아무리 분하건, 슬프건, 혹은 무섭건 간에 절대 식구들 앞에서 동요함을 보이지 않던 분. 누나의 성화가 최고조에 이르렀을 즈음 의기가 이불 밖으로 얼굴을 쏙 내밀고 씩 웃었다.

"거, 시험에서 떨어질 수도 있지. 왜 누나가 지레 성화야? 등 따습게 한잠 자려 했더니, 참!"

이왕 1차 실패한 김에 지극히 현실적인 판단을 한 게 배명고였다. 흔히 말하는 본교 진학이었다. 전액장학금은 어찌 됐던 부모에게는 큰 부조였다. 그리고 의기는 아무 일도 없었다는 듯, 애초부터 그리 계획되어 있었다는 듯 평온하게 같은 교문을 들어섰다. 마장동 도살장 골목에서 함께 한잔을 기울이고 있는 친구들과의 인연은 그렇게 이어진 것이었다.

의기(宜基)

"까짓 놈의 안부전화 갖고 의리는 뭐. 그냥 잘 지내는지는 궁금한데 니들 공부는 방해하고 싶지는 않으니 전화나 슬쩍 하는 거지. 1월에 꼭 좋은 소식 가지고 연락해. 종로통 학원에서 찌들대로 찌든 중생들한테 거하게 쏠 테니, 바로 여기서."

"1월에는 살코기 먹을라나, 회장니임?"

기용이 실눈을 뜨며 말끝을 길게 늘였다.

"그건 니들 장가보낼 때, 힘!"

의기의 쐐기에 모두가 키득거렸다. 의기의 경제 사정을 누구보다 잘 알고 있는 친구들이었다. 고등학교 시절 철공소 집에서 몇 번이나 자고 가곤 했으니 모를 리 없었다. 정도의 차이가 있을 뿐 친구들 집안의 사정도 그리 넉넉하지가 않아서 뭐라도 하나 사 먹으려면 서로의 주머니를 탈탈 털어야만 했다.

"이왕 이렇게 만난 김에 둑방에 가서 한잔 더 어때?"

술병이 다 빈 것을 확인한 의기가 제안을 하자 친구들이 일제히 손목을 들어 시간을 확인했다. 시간은 넉넉했다. 하지만 의기도 자신의 시계를 다시 한 번 들여다보았다. 통금까지는 충분한 시간이 남아 있었다.

셋은 근처의 가게에서 4홉들이 소주 한 병과 새우깡 한 봉지를 샀다. 오 년 전에 처음 세상에 나온 새우깡은 과자 중에서도 귀한 몸이었다. 한 봉지에 50원이었는데 이발소에서 스포츠머리로 깎는 데 80원이었다. 그래도 의기는 친구들 본고사의 성공을 기원하며 주머니를 남김없이 털었다. 잔은 필요 없었다.

"우리가 이 둑방에 앉는 것이 어쩌면 이번이 마지막일지도 모르겠군."

명훈이 자리에 앉자마자 소주병을 이빨로 따며 말했다.

"맞아, 우리가 내일도 오지 않는다면 말이야. 얼마나 걸릴까? 한 달? 두 달? 그때쯤이면 이 자리는 흔적도 없겠지?"

"전체가 아스팔트에 덮이고 그 위로 차들만 실컷 다니고 있을 거야. 그나저나 냄새는 여전하네!"

셋은 멀리 어둠 속 보일 듯 말 듯 북쪽 제기동으로 뻗은 정릉천을 바라보았다. 북한산 계곡에서 발원한 정릉천은 제기동 용두동을 지나 마장동 앞에 이르러 청계천과 합류하고 있었다. 고등학교 시절 의기와 친구들은 그 둑방에서도 가끔 시간을 보내기도 했다. 주머니가 홀쭉한 십 대들이 서울 동네에서 돈 안 들이고 어슬렁거릴 수 있는 곳은 그리 많지 않았다. 하지만 그쪽 둑방도 기억하고 있는 모든 사람들의 기억 속에서 바람처럼 멀리 사라져갈 것이다.

의기가 태어나기도 전부터 서울시청 근처에서 시작됐다는 청계천을 덮는 복개공사는 이제 청계9가를 지나 거의 정릉천 합류지점까지 진행되고 있었다. 신설동 구간까지의 공사를 끝낸 구간엔 천을 덮은 도로 위에 아주 긴 고가도로까지 세워져 있다. 그 대로 위의 도로는 몇 개의 버스정류장이 지나도 끝이 보이지 않을 정도로 길었다.

이제 정부는 남은 청계천 복개공사를 다시 시작하였다. 내년 중 공사가 완공되면 마장동과 신답동을 잇는 신답철교까지 청계천을 덮을 것이라 했다. 그리고 이미 그들이 앉아 있는 곳 바로 코앞까지 청계천은 콘크리트 아래에 잠겨 들었다.

마치 같은 생각을 하고 있었다는 듯이 셋은 좌우로 보이는 두 하천을 번갈아 보고 있었다. 재미있는 일이었다. 때로는 비현실적인 것이 재미를 주기도 한다. 하천의 물이 넘쳐 도로가 잠기는 것은 인류가 경험으로 수없이 배워온 순리였다. 그런데 하천이 도로 밑에 잠긴다. 아마도 서울뿐 아니라 많은 도시의 하천들이 이렇게 잠길 것이다. 그리고 도시의 대명사인 대로와 자동차가 그 위를 덮을 것이다.

"애들아, 우리가 마지막으로 둑방에서 놀았던 날 기억하니? 일요일이었나? 다섯 놈이 어지간히 취했던 날 말이야. 여기였나, 저기였나…."

기용이 손가락 끝으로 먼 곳을 가리키며 말했다. 명훈이 옆에서 소주병을 입에 물고 한 모금 들이켰다. 그의 입으로 들어가는 과자에서 새우의 향이 바람을 타고 의기의 코끝에 흘렀다.

"흐흐, 다음 날부터 아마 1학기 중간고사 시작이었지?"

"맞아, 우리 모두 집에 가서 욕을 바가지로 먹었던 날이잖아."

아무리 고등학생이면 반쯤은 어른 대접해주던 시절이었어도 무탈하게 넘어갈 수는 없었을 것이다. 무탈했던 것은 의기가 유일했다.

"아이구, 술 냄새야! 너 내일부터 시험이라 하지 않았어?"

숙소에 들어선 의기를 맞이한 주숙은 깜짝 놀라 자신도 모르게 목소리를 높였다.

"너 고3 맞니?"

그때 주숙은 학교를 졸업하고 중앙일보 경리부의 신입사원으로 일하고 있었다. 무슨 일이 있냐는 듯 빙그레 웃고 있는 동생이 기묘하다는 생각마저 들었을 즈음 옆을 지나가던 어머니가 한마디를 툭 던졌다.

"괜찮아. 그냥 놔둬라. 자기 일은 다 알아서 하는 애 아니니. 얼른 자라."

역시 어머니는 변함이 없었다. 후에 그 이야기를 전해들은 친구들은 '역시!'를 연발하며 부러워했다. 물론 의기 자신도 평상시와 똑같은 성적표를 집에 가져갔다. 고3이 되었어도 매 월말고사, 중간고사, 기말고사에 이르기까지 변한 것은 하나도 없었다. 그러니 어느 한 번, 혹은 어느 하루의 시험이 의미를 가질 일이 없었다. 학교의 시험이란 그저 아주 지루한 일상의 한 페이지일 뿐.

오히려 어쩌다 갖는 '둑방모임'엔 의미를 부여할 만했다. 가난한 살림에 부모의 대판 싸움이 있거나 하는 날이면 어른들 시선

닿지 않는 둑방의 으슥한 기슭으로 모였다. 깡소주를 돌려 마시며 서로의 속을 달래주는 것은 일상으로 돌아가기 위한 특별한 행사 같은 것이었다. 시험이야 매달 돌아오는 것이지만 한번 상한 친구의 속은 잘못하면 지병이 될 수 있음을 모두 알고 있었다.

"어이, 친구들. 사랑의 종 울릴 시간이네. 청소년 여러분, 밤이 깊었습니다. 집으로 돌아가시기 바랍니다. 크크, 니미럴!"

시계 침이 정확히 10시를 가리키고 있었다. 4홉들이 소주 한 병과 과자 한 봉지에 모두 과하지 않을 정도로 얼큰해져 있었다.

"맞다. 어영부영 떠들다보면 호루라기 소리 들려올라. 마지막 결전을 위해 아쉽지만 오늘은 여기서 접자."

엉덩이를 툴툴 털고 일어난 친구들은 빈 병과 봉지를 손에 들고 길 위로 나섰다. 이제 각자의 집으로 갈 일만 남았다. 의기와 두 친구 모두 방향만 다를 뿐 잰걸음 십 분 남짓 거리였다. 의기는 잠시 멀어져가는 두 친구의 뒷모습을 좇으며 그들의 일 년간의 노력에 꼭 보답이 있기를 기원했다.

걸음을 옮기기 전 뒤돌아본 청계천 수면 위로 절반 넘게 이지러진 달이 물결을 타고 있었다. 더러운 하천이지만 밤에는 깨끗한 달이 노닐었다.

개안

의기는 R관 앞의 잔디밭에 앉아 책을 읽고 있었다. R관은 서강대 이공대학 건물의 이름이다. 후문 쪽 내리막길 건너편, 의기가 등지고 있는 R관의 맞은편에는 연한 적갈색 벽돌 건물인 경상대학이 있다. 인문대학과 경상대학의 학생들이 수업을 듣는 그 건물의 이름은 X관이다. 그 옆 도서관에는 앞에 알파벳 대신 로욜라라는 인명이 덧붙여 있다.

학교의 행정을 담당하는 본관은 A관, 구내식당과 동아리방들이 있는 학생회관의 이름은 C관이다. B관이나 D, E관이 없는 것으로 봐서는 일련번호는 아닌 게 분명했다. 몇 개 되지도 않은 건물들의 이름에 암호처럼 붙은 영어 알파벳이 무엇을 의미하는지 아는 학생은 그리 많지 않았다.

의기도 그 무관심한 부류 중 하나였다. 궁금증이 아주 많은 같은 과 친구 중 하나는 그것이 예수회 역사에 있는 성인들의 성에서 앞 글자를 따왔다고 알려주었다. 듣자마자 잊어버리고 만 이

의기(宜基)

름들이었다. 단, 서강대가 예수회 재단의 학교라는 걸 모르는 학생은 없었다.

교수들 중에는 학과를 불문하고 가톨릭 사제들이 여럿 있었고 그중 일부는 수사와 수녀들이었다. 사제가 아닌 외국인 교수도 많았다. 의기가 서강대를 지원한 데는 그 점이 크게 작용했다. 해외 유학도 많이 보낸다는데 거기까지는 욕심이 미치지 않았다.

영어로 듣는 수업 자체가 졸업 후의 경쟁력이 될 거라 믿었다. 무역, 무역, 무역…. 대한민국의 활로는 오직 무역뿐이라고 선생과 어른들은 입을 모았다. 고등학교 2학년까지는 국문학을 전공하고 싶었던 그가 마음을 바꾼 이유이기도 했다. 원래는 한국문학을 심도 있게 공부한 후 외국에 소개하고 싶었던 그였다. 가족 내 유일하게 대학생이 될 자신의 현실적인 책임감을 깨닫기 전까지는.

의기는 한쪽 팔꿈치를 잔디밭에 대고 길게 몸을 누인 채로 책을 읽고 있었다. 지나가던 후배 하나가 말을 걸었다.

"안녕하세요, 형?"

학기 초 신입생 환영회에서 보았던 쿠사 후배였다. 학내에서 마주치면 늘 고개를 주억거리며 인사하던 후배였는데 사실 의기는 그에 대해 아는 바가 없다. 2학년 들어서 동아리방 출입조차 뜸했기 때문이었다. 봄 축제 때 막걸리나 한잔하기 위해 들렀던 정도였다. 동아리 친구들에게 선후배의 정을 느끼기엔 의기가 너무 멀리 가버렸는지도 몰랐다.

"뭐 하세요?"

"광합성."

"그럴 줄 알았어요."

"좋은 하루!"

후배에게 손을 흔들고 난 의기는 다시 책 위로 시선을 얹었다. 잠시 고개를 들었을 뿐인데 눈이 부셨다. 봄볕에 며느리 내보내고 가을볕에 딸 내보낸다더니 볕은 눈부시되 따갑지 않았다. 따가운 듯하면서도 온화했다.

의기의 손에 들려 있는 책은 크리스찬아카데미에서 발간한 월간 《대화》였다. 도서관에서 대출한 책이었다. 며칠 전 그 월간지는 정부로부터 무기한 휴간조치를 당했다. 한동안, 혹은 영원히 세상에 다시 못 나올지도 모를 것이다. 읽을 만한 책들은 눈에 띄어서는 안 되고 부를 만한 노래는 귀에 들려서는 안 되었다.

10월의 색 바래가는 잔디에 기대 그가 읽고 있는 것은 함평고구마피해보상운동에 대한 기사였다. 지난 6월 동대문성당을 방문했다 얻은 소식이었다. 틈날 때마다 도서관 잡지 서고에 가보았지만 그때마다 이미 대출돼 빌리지 못했던 것이었다.

"오늘 농민들의 이야기가 절절하긴 했겠지만 조금 두서가 없을 수 있어요. 월간 《대화》 4월호에 상세한 내용이 기사로 실렸으니 한번 보세요."

함평고구마피해사건 해결을 위한 기도회에 응원하는 심정으로 동대문성당을 찾아갔었다. 명칭은 기도회지만 실제 내용은 경과보고와 지지호소를 위한 자리였다. 서울의 언론을 통해서는 제대로 된 사정이나 배경을 알 수가 없었다. 행사가 끝난 후 조금 더 자세한 내용을 알고자 질문을 한 의기에게 스스로도 피해 당사자이자 가톨릭농민회원이라던 사람이 알려준 내용이었다.

"저어, 실례가 안 된다면 명함 한 장 받을 수 있을까요?"

명함을 받아 주머니에 넣은 뒤 의기는 한 장을 더 달라 하여 그 뒷면에 자신의 이름과 학교, 학과를 적어주었다. 그리고 향후 집회 등 관련해서 언제든 문의해도 좋다는 의사를 확인했다. 농촌 현실과 농민운동에 대해 의기가 갖고 있는 관심의 깊이에 상대방도 적잖이 인상을 받은 것 같았다.

기사를 다 읽고 난 의기는 잔디 위에 벌렁 누워 눈을 감았다. 어두운 극장 안에서 결말에 이르지 못한 연극이 스크린에 비친다.

"올해 심을 여러분의 고구마는 한 톨도 남김없이 농협이 수매합니다. 17.4퍼센트나 인상된 가격입니다!"

악마의 속삭임이 확성기를 타고 7천여 농가에 스며든다. 사실일까? 사람들은 눈이 마주칠 때마다 묻는다. 농협이잖여!

하지만 김을 매고 웃거름을 주는 와중에도 사람들은 미심쩍어 한다. 9월이 되자 농협 전남도지부장이 직접 방문하신다. 양복

정장을 하고 새마을 모자를 머리에 얹은 모양새가 꽤 우스꽝스럽다.

"아무리 중간상인들이 와서 여러분의 옆구리를 찔러도 넘기지 마시오. 넘기면 헐값입니다. 이 특단의 조치는 오로지 여러분 농가소득 증진을 위함입니다!"

마침내 메마르고 헤진 사람들의 얼굴에 환한 웃음이 번진다. 거봐, 역시 농협이잖여! 사람들은 수확한 고구마를 농협이 보내 준 포대에 담아 길가에 쌓아놓는다. 트럭이 와서 포대들을 실어 갔다. 역시 농협이었다. 그렇게 몇 번 트럭이 오간 후 한동안 트럭의 그림자도 비치지 않는다. 포대만 쌓여간다.

"왜 차가 안 올까, 잉?"

"오겠지. 기다려 봐. 잠깐 뭔 사정이 있는 게지."

"그러게. 농협이잖여!"

매일 석양 무렵이면 사람들은 산처럼 치쌓인 고구마 포대를 바라보며 같은 말을 주고받는다. 9월 내내 상인들이 다녀갔지만 사람들은 정중하게 그들을 돌려보냈다. 출구 없는 미로에 갇힌 걸 아직 아무도 알지 못한다.

하루, 이틀, 10월, 11월. 어쩌다 한두 번 트럭이 와서 포대 몇 개를 실어갔다. 덜어낸 티도 나지 않는다. 사람들의 웅성거림이 파도처럼 일렁인다.

"가져가지 않는데 수매일까?"

의기(宜基)

"돈은 주겠지?"

"설마… 농협이잖여!"

하지만 농협은 응답이 없다. 그러더니 애초에 수매를 약속한 적이 없다고 한다. 서명한 계약서가 있으면 내놓아보라고 한다.

고구마가 눈비를 맞아 썩어간다. 농사지은 자들의 오장육부가 함께 썩어 들어간다. 이때다 싶어 중간상인들이 트럭을 가져와 거저 같은 '헐값'에 미어터질 듯 채워간다. 무지렁이 농민들이 난생처음 조직이란 걸 만든다.

대책위. 출구 없는 미로에 갇힌 걸 깨달았을 때 그들의 결론은 단순하고도 명료했다. 벽을 부숴 길이든 문이든 만들면 된다. 그러나 세상 이치가 다 그러하듯 용기의 이면엔 두려움이 백배나 큰 날개를 펼치고 있다.

조명이 켜지고 무대 위에 경찰이 등장한다. 다수인 농민이 순간 움찔거리며 무대 한쪽으로 몰린다.

"때가 어느 때인데 반정부활동이야?"

"반·정·부·활·동?"

"우리는 수매 약속만 지켜달라는 건데?"

"그것도 우리 지역 농협인디."

"웬 반정부?"

빼애액. 확성기의 경고음이 농민들의 웅성거림을 가른다.

"아, 됐고! 이거나 받아!"

대통령긴급조치 위반!

경찰이 무대 위로 날린 널따란 광목천 위에서 굵고 붉은 글씨들이 춤을 춘다. 춤추는 광목천은 아직은 그저 위협일 뿐인데도 농민들은 우왕좌왕, 이리저리 뛰어다닌다.

광풍이 일고 천둥 번개가 몰아치는 무대 위에는 7천3백여 가구 중 160가구의 농민들만 남는다. 천둥이 칠 때마다 그들의 눈에선 황무지의 번개가 번쩍거린다. 반복될수록 그 눈 속 번개가 천둥을 부르는 형국이 된다. 그러자 아래 어둠 속 관객들 중 일부가 무대 위로 몰려가 농민의 대열에 합류한다.

"형, 따뜻합니까?"

꿈과 현실의 경계 저편에서 누군가 부르는 소리가 있어 의기는 눈을 떴다. 손으로 햇빛을 가리며 올려다보니 비쩍 마른 친구가 자신을 내려다보고 있다.

"어이, 찬교!"

올해 문과 계열로 입학한 고향 후배였다. 영주중학교 일 년 후배였는데 서로 동향임을 안 것은 그저 우연이었다. 중학교 동창은 대학에서 동문회로 만날 수 있는 관계가 아니었다. 어느 날 신촌로터리 주변의 술자리에서 합석을 하게 된 게 계기였다.

얼어붙은 저 하늘 얼어붙은 저 벌판

태양도 빛을 잃어

아 캄캄한 저 어둠의 거리

어디에서 왔나 얼굴 여윈 사람들

와글와글한 술집의 한구석에서 작은 노랫소리가 찬교의 귓가에 들려왔다. 박자를 무시한 듯 한없이 느리게 불리고 있는 그 노래에선 청승이 뚝뚝 떨어졌다. 벽에 머리를 기댄 채 시조창 하듯 읊조리고 있는 그는 매우 앳된 얼굴이었다. 그의 작은 탁자에 잔과 젓가락들이 여러 개 있는 것으로 보아 일행이 있었던 모양이었다.

아마 남은 술을 치우는 중이겠거니 생각하면서 찬교는 자신의 잔을 들고 그의 맞은편에 가서 앉았다. 뭐라 꼭 집어 말할 수 없는 호기심이 워낙 강렬하게 치솟았기 때문이었다. 노래에 대한 궁금증은 아니었다. 양희은이 불렀던 금지곡 〈금관의 예수〉라는 정도는 알고 있었다. 그저 사람이 궁금했다.

취한 줄 알았던 그는 예상외의 말똥한 눈으로 찬교를 맞이했다.

"무슨 가락이 그리 슬픕니꺼?"

"가락이 청승맞은 건 내 탓이 아닙니다."

금관의 예수를 부를 때 떠오르는 수많은 사람들, 그리고 그 노래를 부를 때 자각할 수밖에 없는 무력한 청년으로서의 자화상에 대한 이야기를 나누다보니 통성명은 나중이었다. 한참이나 지난 후에야 통성명을 하고 학과에 대한 정보를 주고받고 나서 의기가 물었다.

"억양을 보니 경상도 같은데 고향이 어디요?"

"경상북도 영주라는 뎁니다. 대구에선 좀 멀고요, 코미디언 임희춘 씨 고향이지요."

사투리가 없는 상대방을 배려해 부연 설명까지 했다. 서울사람이 영주라는 곳을 제대로 알 리 없다고 생각했다. 순간 잔을 막 입에서 뗀 의기의 눈이 동그래졌다.

"나도 영주인데. 영주중학교 2학년 때 서울로 올라왔지만… 졸업을 안 해서 몇 회인지는 모르겠습니다."

"영주중학교예?"

먼 타향에서 단순한 호기심으로 합석을 한 상대방이 자신의 중학교 1년 선배였을 줄이야.

"아이고 형, 반갑십니더!"

그것이 끈끈하게 이어질 두 사람 인연의 시작이었다. 술잔이 오가는 동안 왠지 모를 동질감을 느꼈던 찬교는 함께 술집을 나설 때 상대방의 신발을 보고 깜짝 놀라고 말았다. 서강대에 고무신 신고 다니는 괴짜가 하나 더 있다더니 그게 바로 시골 중학교의 선배 김의기였던 것이다.

"뭘 읽고 계신교?"

의기가 볕을 가리기 위해 얼굴에 덮었던 책을 가방에 넣는 동안에 찬교가 물었다.

"함평고구마사건에 대한 기사야. 예상보다 아주 상세하게 작성되었던걸."

의기는 셔츠 윗주머니에서 개나리 담배를 꺼내 한 대 물고 찬교에게도 권했다. 찬교는 담배를 코끝에 한 번 문지르고 나서 불을 붙였다.

X관 쪽에서 걸어오던 여학생 몇이 둘을 향해 손을 흔들었다. 모두 의기와 같은 76학번이었는데 한 명은 후배인 찬교에게 또 한 명은 의기에게 인사를 한 것이었다. 의기에게 손을 흔든 여학생은 쿠사의 동기인데 의기처럼 2학년이 된 후 동아리활동에 시큰둥한 친구였다. 그 역시 이름만 거창한 동아리의 가벼움에 마음을 접은 상태였다. 의기도 그에게 손을 흔들며 인사를 건넸다.

"굶었니?"

"지금이 몇 신데 쟤는 시도 때도 없이 굿모닝이래!"

"미안, 아는 게 그것밖에 없다, 크크"

까르르 웃고 난 친구들이 스무 걸음쯤 떨어진 잔디 위에 자리를 잡았다. 몇 명 되지도 않는 같은 학번의 여학생들 중 학내 운동을 이끌어갈 핵심들이었다. 그들 중 둘은 독서모임 '황토'의 일원이었다. 공개적인 동아리도 독서회도 아닌 철저히 비밀에 부쳐진 모임이었다. 사학과를 중심으로 만들어진 그 모임에 신입생인 찬교도 가입되어 있었다.

그들은 의기를 의식하지 못했으나 의기는 그들의 존재를 알고 있었다. 의기 자신은 선배 뒤에 가려져 있을 뿐이었다. 75학번인 선배는 의기를 주시하면서도 아직은 모임에의 가입을 권유하지 않고 있었다. 물론 의기는 그런 분위기와는 상관없이 자신이 해야 할 공부와 일에 충실하고 있었다.

1977년 10월에 들어서며 대학가는 부글부글 밑에서부터 끓으며 차오르는 활화산과 같았다. 겉으로는 전혀 드러나지 않지만 신림동이든 신촌이든 긴장감이 팽배하고 있었다. 그 냄새는 정부나 경찰들의 후각에도 걸려들기 마련이었다.

R관 앞 잔디밭에 학생들이 삼삼오오 모여들고 그림자가 길어질 즈음 사복형사들 서넛이 뿔뿔이 흩어진 상태로 학생들 주변을 서성인다. 학내에서 딱히 주의를 끌 만한 행동이나 활동이 없음에도 불구하고 관찰의 시선이 의기에게도 꽂히기 시작했다. 허나 의기는 부러 아예 모르는 척하고 있었다. 그리고 그게 최선이었다.

서강대 정문 건너편에는 간판 없는 술집이 있다. 그곳에 오는 자마다 술은 마시는데 집의 정체가 확실치 않다. 술집이라기엔 정해진 안주가 없고 밥집이라 하기엔 단무지와 김치 몇 조가

의기(宜基)

리만 있을 뿐 반찬이랄 게 없다. 간판이 없으니 학생이든 교수든 그곳의 존재를 모른다. 존재한 줄 모르니 존재하지 않는 것과 같다. 서강대생뿐 아니라 인근의 주민에게도 존재하지 않는 곳이었다.

존재하되 존재하지 않는 그곳은 대로변 2층 상가 뒤편의 허름한 건물 안에 있었다. 수많은 사람들이 그 입구를 지나치지만 아무도 눈길조차 주지 않았다. 입구가 숨은 것도 아닌데 아무도 그 입구의 존재를 모른다. 서강역에서 일하는 일부 잡역부들을 제외하면.

그래서 서강대학교 관할서인 마포경찰서 정보과 형사들도 그곳의 존재는 알지 못했다. 설령 존재는 알더라도 주의를 기울일 만한 가치가 있는 대상도 아니었다.

탁자는 단 두 개였다. 2인용과 4인용. 두 개를 합치면 6인용 탁자가 되는데 어쨌든 그 정도만으로 내부가 꽉 차서 최대 수용 인원이 여덟 명 정도였다. 여덟이 들어차면 옆 사람의 땀 냄새와 심장박동 소리, 그리고 담배 연기에 녹아날 정도로 비좁았다. 천장엔 으슥한 뒷간에나 걸려 있을 법한 30촉짜리 전구가 힘겹게 빛을 내고 있었다.

허름하고 지저분하기 짝이 없는 그 공간에 서강대생 둘이 마주 앉아 술을 치고 있다. 라면 두 그릇과 막걸리, 그리고 네 조각의 노란 단무지가 전부인 식탁이었다. 앳된 얼굴을 빼면 행색으로 보아 대학생이라고 도저히 예단할 수 없는 청춘 둘이었다. 때가 꼬질꼬질한 국방색 바지를 입은 두 사람 모두 고무신을 신고 있었다. 찬교는 흰색, 의기는 검정색.

"형은 지금도 여전히 농촌과 농민운동에 대해 파고 있나요?"

"응, 잘 모르겠어. 마치 운명처럼 뿌리까지 들여다보고 싶네."

"형이 아까 보던 책 저도 잠깐 볼 수 있수?"

의기는 가방에서 자신이 읽었던 《대화》 4월호를 꺼내 찬교에게 건넸다. 찬교는 빠르게 책장을 넘기며 함평고구마사건에 대한 기사를 찾기 시작했다. 그때 무슨 생각을 했는지 의기가 다시 가방 안으로 손을 넣어 한 권을 더 꺼냈다. 반납돼서 서가에 돌아와 있기에 함께 대출했던 3월호였다.

"이건 나도 아직 안 읽은 건데 먼저 읽어. 우리 고향 선배의 글이 실려 있다네."

찬교가 책을 받아들며 눈을 동그랗게 떴다. 그러고는 표지에 있는 제목들을 훑어보기 시작했다.

"이 중에 누군교?"

"맨 밑에 보면 노동자 수기가 하나 있어. 앞의 두 편은 애저녁에 다 보았는데 아마 3월호가 완결편인 모양이야."

"어느 돌멩이의 외침?"

"서울하고 인천 직물공장에서 일하던 분인데 어느 날 깨달음이 있어 노조를 만들었다가 치도곤을 겪으셨지. 내 큰형 또래인데 우리 영주 분이라네. 우리 모두가 잘 알 만한 스토리지. 시골에서 소죽 쑬 형편도 안 돼 산에서 나무나 해 팔다가 서울로 올라온 공돌이 이야기야."

"아, 형. 정독하겠습니다."

"권하건대 다 읽은 후엔 1, 2월호도 다 빌려 봐. 전태일이 산화한 지 칠 년이나 지났지만 변한 것이 하나도 없다는 걸 알게 될 거야. 읽고 나서 너무 광분하지는 말고. 이런! 말은 말이고 술은 술인데."

둘은 다 찌그러지고 칠도 벗겨진 잔을 들어 부딪쳤다. 탁주 몇 방울이 라면 국물 위로 튀었다. 순간 마치 자신의 눈에 튄 듯한 착각에 의기는 두 눈을 질끈 감았다. 그러곤 손가락으로 눈두덩을 꾹꾹 눌렀다.

"선배, 괜찮습니까?"

"별것 아니야. 오전에 도서관에서 마이크로필름을 너무 오래 보느라고 눈이 피로했던 모양이야. 괜찮아."

"마이크로필름이요? 옛날 신문이라도 뒤지는 모양이죠? 그런 건 어떻게 볼 수 있어요? 무슨 첩보영화 얘기를 듣는 것 같네요. 그나저나 뭘 찾아보신 겁니까?"

찬교가 껄껄거리며 물었다. 어느새 서로의 라면 그릇엔 기름 낀 국물만 조금 남아 있었다. 의기가 주인에게 달걀프라이 두 개와 막걸리를 주문했다. 주머니 사정상 둘의 마지막 안주가 될 터였다. 의기는 외상을 싫어했다.

"암태도소작쟁의와 관련된 일제 때 신문기사들을 찾아보고 있었어. 도서관에서 신청하면 마이크로필름실에서 볼 수 있지. 1924년 5월 이후의 기사들을 꽤 뒤졌더니 침침한 정도가 아니라 눈알이 빠질 것 같더군. 머리도 지끈지끈하고. 그런데 뜻하지 않은 재미도 있어. 옛날 기사라서 그런지, 원."

의기는 잔을 들어 잠깐 목만 축인 후 말을 이었다.

"동아일보 기사였던가? 암태도 농민 4백 명이 목포의 법원에 몰려가서 농성을 하고 있다는 기사였어. 잡혀간 소작농민회 간부들을 석방하라고 말이지. 그런데 그 기사의 작은 제목이 대충 이랬어. '간부 방면하라고 소작인 4백여 명이 야단 중'. 기사를 옮겨 적다가 순간 웃음이 터질 뻔했어. 아마 도서관 아니었으면 웃음보가 터졌겠지."

웃고 얘기하느라 잊고 있던 달걀프라이가 탁자 위에 놓였다. 주방으로 돌아가는 주인의 뒷모습을 찬교의 눈이 잠시 뒤따랐다. 키가 160센티미터는 될까. 너무나도 작고 앙상한 그가 걸치고 있는 옷가지까지 추레하기 그지없었다. 영락없는 이 집의 주인이었다.

"그런데 놀라운 건 말이지, 일제시대의 농민운동을 알아보면 알아볼수록 놀라운 건… 그 엄혹한 시기에 제일 힘없는 소작농들이 저항을 멈추지 않았다는 거야. 그 와중에서 독립운동가도 나오고 말이야. 가장 절망적인 시대에, 지식인이나 상류층은 여지없이 변절하던 그 시대에 최하층의 농민들이 가장 역동적으로 살아 있었다는 말이지."

경제를 포함한 농촌 현실과 농민운동에 대한 공개적인 자료를 구하기는 쉽지가 않았다. 책으로 발간된 것도 부족해서 잡지에 실린 르포 기사 하나라도 놓치지 않으려고 했다. 때로는 오랜 과거의 사실을 확인하기 위해서 마이크로필름을 찾아 기사들을 뒤졌다. 그리고 그렇게 수집된 내용들을 공책에 차곡차곡 쟁여놓고 있었다.

해가 갈수록 농민은 줄고 도시 노동자의 수는 폭증하고 있었다. 하지만 아직은 농민의 절대수가 훨씬 많았다. 그리고 가톨릭 농민회 등의 도움을 받아 자생적인 농민운동이 기반을 다지고 있었다. 함평군의 고구마 피해보상운동처럼 단기적으로 발생한 사태에 대응하는 일뿐 아니라 쌀 수매가 보상운동이나 농협 민주화운동 등이 꾸준히 밑바닥에 깔렸다. 물론 그 현실과 흐름을 읽고 있는 학생들은 소수에 불과했다.

반면에 노동자들의 현실은 빠르게 변하고 있었다. 양 진영 모두 군사독재의 잔인한 탄압을 받고 있었지만 노동자들의 움직임은 훨씬 파격적이었다. 농협과 달리 노조는 노동자들 스스로가 세우면 되는 것이었다. 어느 작은 돌멩이만 있는 것이 아니었다. 많은 돌멩이들의 외침이 있었는데 그 돌멩이들의 대부분은 여성이었다. 원풍모방이나 동일방직 여공의 울부짖음은 대학가에까지 들려오고 있었다. 그러다 보니 노동자를 위한 야학의 교사로 지원하는 학생들도 조금씩 늘었다. 돌멩이들을 물심양면으로 돕는 도시산업선교회라는 명칭은 신문이나 방송에도 종종 등장하는 '빨갛고 불온한' 존재였다.

같은 억압의 굴레에서 신음하기는 농민이든 노동자든 다를 게 전혀 없었다. 노동자들이 뼈가 녹는 노동과 입에 풀칠하기도 힘든 저임금에 시달렸다면, 그 저임금을 유지하기 위해 쌀값을 비롯한 모든 곡물의 가격도 절대 싸야만 했다. 가구당 논과 밭을 합해 평균 2천7백 평 농지에 매달린 식구는 여섯 명이 넘는다.

농사지어서 먹고산다는 건 백일몽조차 되지 못했다. 해서 농촌의 젊은이들은 너나없이 도시로 가는 열차에 몸을 싣는다. 그러곤 자신들도 역시 저임금 노동자가 되어 산업화의 블랙홀 속으로 빨려 들어갔다. 이 대목에서 의기는 여러 번 몸서리를 쳤다.

그려지는 대한민국의 미래는 불모 그 자체였다. 어느 영화도 그처럼 어두울 수는 없을 것 같았다. 그의 관심이 농촌과 농민에 붙박이듯 쏠려 있는 것은 아마도 그런 절박함 때문이었을 것이다.

의기의 눈에 마주 앉은 찬교도 중학교 후배이기 전에 농민의 자식일 뿐이었다. 후배의 부모가 농민인지 아닌지는 중요하지 않았다. 큰형이 농사를 짓고 있어서일까. 부모가 농사꾼이 아니

의기(宜基)

었지만 자신도 농민의 자식이라 여겼다. 후배와 마지막 잔을 부딪치면서 문득 한 가지가 궁금해졌다.

오 년쯤 뒤에 자신이 서울에서 무역쟁이가 되어 있을지 아니면 시골에서 농사꾼이 되어 있을지.

10월의 마지막 화요일에 신촌에 광풍이 불었다. 시발점은 연세대였다. 유신철폐와 긴급조치 해제를 외치는 4천여 명의 외침이 연세대 백양로를 거쳐 정문을 뚫고 나왔다. 7백여 명 정도의 시위를 초기에 진압하기 위해 최루탄 차를 앞세워 전경대가 학내에 진입하였으나 그것은 시위대의 규모를 크게 키웠을 뿐이었다.

잠깐 밀려들어간 학생들은 중앙도서관 옆 공사장에 쌓여 있던 벽돌을 깨기 시작했다. 또한 공사를 위해 쌓여 있던 각목들과 철제 비계 등으로 전경의 몽둥이와 방패에 맞섰다. 돌은 기동대의 안으로 날아들었고 각목과 비계는 최루탄 차량의 유리창을 부쉈다.

거기에 학내에 최루탄을 난사한 경찰에 대한 분노는 구경하던 학생들을 전부 시위대로 뭉치게 만들었다. 학내에서 진동하는 최루탄 냄새는 젊은이들의 눈에 핏발을 서게 만들었던 것이다. 남학생 여학생 할 것 없이 밀물처럼 몰려들었다.

기동대를 앞세워 진입한 사복형사들은 주모자급을 잡기 위해 내달렸지만 일부는 너무 깊숙이 들어갔다. 학생들 중 건장한 일부가 조를 이루어 후방에 대기하고 있는 것을 알지 못했다. 정작 학생을 잡고서도 나올 수 없었다. 그들이 오히려 갇혀 숨어 있어야 할 형편이었던 것이다. 저항하는 여학생의 머리채를 잡아끌던 형사 한 명은 남학생들에게 몰매를 맞아 피투성이가 되었다. 그리하여 학생들을 사냥하던 형사들이 오히려 학생들에게 토끼몰이를 당했다.

아무리 무장을 했더라도 압도적인 세력에 밀린 경찰은 정문을 열어줄 수밖에 없었다. 학교 밖을 나온 학생들 중 일부는 이화여대 후문 안으로 들어섰고 합류한 여학생들과 함께 정문을 통과해 신촌로터리로 향했다. 신촌로터리를 예상하지 못했던 경찰은 무방비로 로터리를 내주고야 말았다.

연대생 중 일부는 서강대 안으로 들어가 지원을 호소했다. 소식은 삽시간에 퍼졌다. 운동장에서 교련 수업을 받던 3학년 학생들이 목총을 집어던지고 합류했다. 수업이 없었던 학생들뿐 아니라 도서관이나 강의실에 있던 학생의 일부도 교문으로 몰려와 전경과 대치했다. 전경이 교내로 진입까지 했으나 학생들을 다 가로막을 수는 없었다.

교문을 뚫고 나온 서강대생까지 합류한 신촌로터리는 두 시간 가량 학생들의 해방구가 되어 있었다. 해거름이 될 즈음 시위대는 전경이 철수한 서강대 교정으로 옮겨 유신철폐, 박정희 타도, 긴급조치 해제, 학도호국단 해체 등의 구호를 수차례 외친 후 자

의기(宜基)

진 해산했다. 후에 대첩이라 불릴 정도로 긴급조치9호 기간 중 최대의 저항이었으나 연세대는 이로 인한 구속으로 2학년인 76 학번의 손실이 컸다.

11월 둘째 토요일엔 서강대에서 격렬한 구호가 울려 퍼졌다. 유신철폐. 독재타도. 교련철폐. 3학년 교련 검렬 도중 터져 나온 학생들의 구호가 도화선이 되었다. 학생들은 들고 있던 총검을 내던지고 어깨와 어깨를 부여안았다. 스크럼을 짜고 돌면서 학교 전체를 용광로로 만들었다. 많은 수가 검거되었고 학교는 이틀간의 휴교에 돌입했다.

월요일. 휴교가 끝난 오후가 되자 학생들은 다시 뭉쳐 어깨를 걸었다. 기존의 구호에 구속 학생 석방이 추가되었다. 시위는 다시 진압되었고 역시 많은 학생들이 잡혀갔다.

목요일, 노고산동의 비좁은 자취방에 여섯 명의 학생이 술자리를 가졌다. 주로 2학년인 76학번들이었고 자취방 주인을 비롯해 77학번도 두 명 있었다. 과자 부스러기를 안주로 술을 털어 넣는 그들은 취할 줄을 몰랐다. 도원결의하듯 거사의 계획을 확인한 그들은 빈 술병을 한구석에 몰아놓은 뒤 애써 잠을 청했다.

다음 날 그들은 각자 수업을 받던 중 유인물 '서강선언문'을 뿌린 뒤 남은 유인물을 들고 강의실 밖으로 뛰쳐나갔다. 보이는 강의실마다 문을 벌컥 열어젖히고 유인물을 뿌렸다. 교수와 조교한테 붙잡힌 한 명을 제외하곤 모두 잔디밭과 운동장 쪽으로 향했다. 강의실에서 몰려나온 학생들과 대열을 만들었으나 교내로 진입한 2천 명의 경찰들에게 일찍 진압되고 말았다. 세 번에 걸친 시위로 검거된 학생들 중 일부, 그리고 마지막 시위를 유발했던 모두는 긴급조치9호 위반으로 구속되었다. 76학번과 '황토'의 손실도 컸다.

그 세 번의 시위대에 의기는 한 번도 빠짐없이 참여했다. 입학 후 처음 경험하는 격렬한 저항의 현장이었다. 스크럼을 짜고 정문을 향해 달렸다가 최루탄에 쫓기기를 반복하며 눈물과 콧물을 쏟았지만 그때마다 온몸을 타고 흐르는 희열을 느꼈다. 어떤 폭압에도 민주주의는 절대 사멸하지 않는다는 확신이 비로소 든 것이다.

함께 콧물을 쏟고 구토를 하다가도 매번 시위대로 다시 달려가는 여학생들. 대의를 위해서라면 스스럼없이 목숨을 걸 수 있는 사람들. 자신의 시야가 너무 좁았음을 깨달았다. 의기는 난생처음 여성에게서 진한 동지의식을 느꼈다.

의기 희영

희영은 앉은뱅이 탁자 아래서 두 손을 꼼지락거렸다. 방바닥 위에 이어 붙인 탁자 주변에 둘러앉은 예닐곱 명의 남녀 대학생들은 서로의 안부와 근황을 묻고 답하느라고 화기애애했다. 희영은 그 분위기를 즐기면서도 쉽게 대화에 끼지는 못한다. 워낙 수줍음을 많이 타는 편이라 아직은 시간이 더 필요했다.

그래도 희영은 이 자리가 좋고 친구들이 마음에 든다. 형제교회의 작은 방 한 칸. 약수동에 있는 작은 교회에 희영과 친구들이 정기적으로 모이는 이유는 농촌문제를 공부하고 해결 방안에 대한 의견을 나누기 위해서였다. 교회가 공간을 제공했을 뿐 교회나 신앙과는 전혀 관계없는 모임이었다. 물론 기도도 찬송도 없었다.

꼭 농촌에 관한 공부만 하는 것은 아니었다. 대한민국의 현실에 문제의식을 가진 젊은이라면 필독이라 할 만한 《전환시대의 논리》나 《역사란 무엇인가》와 같은 책들도 발제와 토론의 주제

가 되기도 했다. 희영은 스스로 생각해도 그들처럼 강한 문제의
식을 갖고 있지도 않았고 모순된 현실에 대해서도 잘 알지 못
했다.

농업문제에 관한 책은 딱 한 권 토론 주제로 사용했다. 출간된
지 일 년이 안 된 《한국농업문제의 인식》은 한국의 농업문제에
관해 광범위한 분석으로 큰 의미가 있다고 하는데 너무 이론적
인 것만 같아서 희영은 책을 다 읽고 나서도 한국의 농업문제가
구체적으로 무엇인지를 잘 느낄 수가 없었다.

모임의 친구들은 책에 등장하는 용어들을 주고받으며 활발하
게 토론을 하는데 희영은 솔직히 하나하나를 들을 때마다 그 용
어의 뜻을 이해하는 데만도 바빴다. 그래도 어쨌든 대화의 내용
을 쫓아가려 애썼다. 말이 느린 친구들도 있다는 것은 그나마 다
행스러웠다.

자신이 다니던 교회에서 알게 된 한 선배 언니에게 이끌려서
오게 된 것이 첫걸음이었다. 예수의 음성에 진정 귀 기울이는 기
독교인이라면 세상 보는 눈을 넓히는 것이 우선이라는 게 그녀
가 희영의 손목을 잡아끈 이유였다.

"예수는 우리에게 끊임없이 구원의 메시지를 보내는데 정작
구원의 대상이 무엇인지 하나도 모른다면 말이 되겠어? 그걸 모
르면 우리 자신이 어쩐 존재인지는 또 어떻게 알아? 할렐루야와
아멘을 외치면 만병통치약인가?"

그랬던 선배는 희영을 모임에 소개한 후부터 다시는 나타나지 않았다. 짐작건대 그녀는 그 모임 외에도 관여하는 곳이 많은, 바쁜 선배였다.

'전부 이상한 사람들이다.'

첫 느낌은 그랬다. 자신이 와서는 안 될 자리에 온 것 같다는 느낌이 들기도 했다. 토론 중에 그들이 사용하는 말 중에는 알아듣지 못한 것들도 있었다. 하지만 그 와중에도 희영의 마음을 강렬하게 잡아끈 점이 있었다. 그것은 각기 학교도 다르고 학년도 달랐지만 하나같이 진지하고 순수해 보였다는 것이다.

역사니 운동이니 혁명이니 해방이니…. 생경하고 무서운 언어들을 사용하는데 정작 아무리 배고파도 빵 한 조각 훔치지 못할 사람들이었다.

그 진지함에 이끌려 희영은 모임에 한 번도 빠지지 않았다. 모임 전에 읽어야 할 책이나 자료를 못 읽은 때도 있었지만 그래도 모임에는 참석했다. 그 모임에서 오가는 대화에 귀를 기울이기 위해서였다. 그런 날은 책을 읽지 못한 사실을 미리 이실직고했다. 그런 경우에도 자신에게 책망의 시선을 던지는 사람은 아무도 없었다. 그것이 그녀의 마음을 더욱 잡아끌었다.

단, 자신에게만은 발제 요청이 오지 않기를 간절하게 바랐다.

봄의 기운도 다 시들어가는 5월 하순 어느 날, 모임에 새로운 남학생이 등장했다. 모임의 일원이던 서강대 75학번 선배 경숙이 데리고 온 친구였다.

"모두 반갑게 맞아주세요. 제 학교 76학번 후배예요. 농촌문제에 관해서라면 저는 물론이고 아마 여기에 있는 우리 모두보다 고민이 깊고 공부도 많이 한 친구일 겁니다."

"안녕하세요. 김의기라고 합니다. 많이 배우겠습니다!"

키 작고 마른, 그러나 첫 대면부터 부끄럼 없이 활짝 웃는 남자. 쌍꺼풀 없는 눈 속엔 소년 같은 장난기마저 흥건했다.

'참 좋은 친구 같다. 행색은 남루하지만.'

희영은 첫눈에 호감을 느꼈다. 같은 학번 친구라서 우선 좋았다. 발제 후 의견을 나누는 도중 그는 초면이라 그런지 조심스럽게 자신의 의견을 두어 번 제시했는데 그럴 때 보인 손짓과 표정, 그리고 무엇보다 반짝이는 눈엔 자신감이 철철 넘쳤다.

달변과 논리.

희영이 가장 부러워하는 것을 그는 옷처럼 입고 있었다.

모임이 끝나고 교회 근처의 선술집에서 빈대떡과 두부를 놓고 저녁 겸 술을 한잔할 때 의기는 희영의 맞은편에 앉았다. 희영이 소주를 마다하자 의기가 막걸리를 권했지만 그마저도 사양했다. 신앙에 보수성이나 진보성이 있다고는 믿지 않았으나 어쨌든 모태신앙인 그녀로서는 술을 마시는 순간 신앙인으로서의 선을 넘는 거라 여겼기 때문이다.

작년 여름에 희영은 우이동에서 열린 기장(기독교장로회교회)

의기(宜基)

청년연합기도회에 참석한 일이 있었다. 그녀가 소속된 교회의 청년회 부회장 자격으로서였다. 기도회에 참여한 학생들이 낮에 산책 겸 계곡길을 걸었는데 휴식 시간에 희영은 낯선 경험을 했다. 계곡의 너럭바위에 아무렇게나 앉아 쉬던 그들이 불렀던 노래 때문이었다.

　　무릎 꿇고 살기보다
　　서서 죽기 원한다

시위할 때 학생들이 부르던 노래라는 것쯤은 희영도 알고 있었다. 하지만 그 노래가 왜 그들의 입에서 복음성가 대신에 나오는지는 이해하지 못했다. 당시만 해도 그녀는 기장교회의 일반적인 분위기를 알지 못하고 있었다. 자신의 교회도 기장이었지만 그중 성풍회(성령의 바람)계열이었다.

희영을 놀라게 한 것은 또 있었다. 계곡에서 쉴 때마다 막걸리 잔이 돌았다. 행진곡과 같은 노래를 부르는 동안 주먹 쥔 손들은 쉼 없이 허공을 내리쳤고, 노래가 쉬는 짬에는 잔 하나가 돌다리 건너듯 서너 명의 입을 건너다녔다. 막걸리만 마셔도 지옥행일 거라고 희영이 철석같이 믿던 시절이었다.

약수동 언덕길을 내려와 일행과 헤어지고 난 후 의기와 희영은 함께 걸었다. 희영의 집은 삼양동이었고 의기는 마장동이었으므로 버스정류장까지는 같은 방향이었다. 원래는 희영이 버스를 탈 때까지만 함께 있으려 했는데 몇 마디 이야기를 나누다보니 누가 먼저라 할 것 없이 정류장들을 지나치고 있었다.

"중립적인 견해가 있을 수 없는 건가요? 제 말은 그런 견해가 있고 없고를 떠나 수용할 수 없는 것인가 라는 거죠."

장충체육관 옆을 지날 때쯤 희영이 의기에게 불쑥 물었다. 마치 대화가 끊긴 어색함을 깨기라도 하듯이. 그러나 사실은 오늘 토론과 관련된 것이었다. 서로 의견을 주고받는 동안 차마 용기를 내서 묻지 못한 질문을 그에게 던진 것이다. 왠지 그로부터는 편하면서도 이성적인 답을 들을 수 있지 않을까 하는 기대감이 있었다.

"아, 오늘 주제였던 《페다고지》 속 주장이 다소 과격하게 느껴졌던 모양이죠?"

"과격이라기보다는….."

희영은 쉽게 말을 잇지 못했다. 누군가에게 자신의 견해를 또박또박하게 피력해본 적이 없었다. 다음 말을 생각하느라 잠시 멈춘 그녀 옆에서 의기는 말없이 기다려주었다.

"제가 워낙 어려서부터 신앙생활을 해서 그런지 억압하는 자와 억압받는 자의 논리가 있을 뿐이라는… 그래서 중립적인 논리로 교육을 하는 것은 곧 억압하는 자의 논리를 강요하는 것과 같다는 것이 너무 배려 없는 흑백논리는 아닐지… 중립은 꼭 기회주의적인 건지….”

이번엔 의기가 뜸을 들였다. 말없이 걷는 동안 무슨 생각을 하는지 머리를 긁적이기도 했다. 이윽고 입을 떼려고 하던 의기가 갑자기 팔을 뻗어 희영을 인도 안쪽으로 들여보냈다. 희영이 차도 쪽에서 걷고 있던 걸 뒤늦게 발견한 것이다. 처음엔 살짝 놀랬던 희영이 곧 고개를 숙인 채 안도의 미소를 지었다.

“희영 씨, 이건 진짜로 성경을 몰라서 묻는 거니까 오해는 마시고. 왜냐하면 저는 예수가 마구간에서 태어나서 십자가에 매달려 죽었다는 정도밖에 모르니까. 아, 사흘 만에 부활한 것까지는 알죠.”

의기는 굉음을 내며 지나치는 버스의 뒤꽁무니를 잠시 쳐다본 후 앞머리를 손으로 휙 넘겼다. 그러곤 희영의 눈을 정면으로 바라보며 물었다.

“혹시 예수는 중립적이었나요?”

생뚱맞은 질문에 희영은 다시 말문이 막혔다.

“잠깐만요. 잠시 생각을 좀….”

다시 둘 사이엔 정적이 흘렀다. 마치 교대로 말문 막기 놀이를 하는 것 같았다. 사람들의 걸음 소리와 자동차 소리가 교차하며 섞일 뿐이었다. 희영은 머릿속에 성경 속 예수의 모습을 떠올리려 애썼다.

부자는 천국에 못 들어간다. 해석의 여지를 남겨두어도 메시지는 간단하다. 부자는 지옥행이다. 예루살렘 성전에 들어간 예수는 불문곡직하고 채찍을 들었다. 좌판을 뒤엎었다. 의견을 묻지도 사정을 듣지도 않았다.

사람들이 배고프다 하니 떡 다섯 덩어리와 생선 두 마리로 기적을 일으켜 배불리 먹였다. 혼인잔치에 술이 떨어졌다 하니 술을 만들어 맘껏 마시고 취하게 했다. 먹고 마심의 의미, 이유, 적당함에 관한 설교나 수훈은 어디에도 없다. 베드로에게 그물질을 관두라고 했다. 제자를 삼을 때마다 천편일률로 다 버리고 당장 따라오라 했다.

예배 때마다 들었던 수많은 해석은 다 어디론가 사라지고 중립이나 배려 따위와는 안드로메다만큼 동떨어진 폭군 예수가 있었다. 구세주인 예수는 흑백논리의 절대군주인가. 희영이 답을 못 하고 한동안 바닥만 보고 걷자 의기가 머쓱함을 이기지 못하고 툴툴거리듯 말했다.

"역시 제 질문이 무례했나 보네."

"아녜요, 그런 건 전혀."

다시 잠시 침묵이 이어졌다. 둘은 어느새 을지로를 지나고 있었다. 삼양동이 워낙 멀었으므로 희영은 늦지 않게 버스를 타야만 했다. 멀지 않은 곳에 정류장이 있었다. 의기는 어색한 침묵을 무너뜨릴 매개가 필요하다고 생각했다. 그러곤 앞뒤 생각 없이 불쑥 물었다.

"희영 씨, 키가 몇이예요?"

"168…인데요. 갑자기 키는 왜?"

대답하는 희영의 어깨가 살짝 움츠러들었다. 아차! 의기는 마음속으로 자신의 머리에 꿀밤을 때렸다. 아무리 분위기 전환도 좋지만 이 무슨 근본 없는 질문이란 말인가. 순간 희영이 모임에 처음 나온 자신에게 실망해서 등을 돌릴 것 같은 불안감이 엄습했다. 하지만 브레이크 고장 난 기관차가 그럴까. 그의 입에선 또 한번 실없는 말이 새어 나갔다.

"아니, 그냥… 키 크고 예쁜 여자는 첨 봐서 그래요!"

의기는 고개를 돌리고 눈을 질끈 감았다. 어째 입에서 나오는 족족 폭탄이냐 싶었다. 반면에 희영은 처음으로 소리 내어 웃었다. 예쁘다는 소리는 실없기 그지없었다. 예쁘다 생각해본 적도 없고, 예쁜 여자 대접을 받고 살아본 적도 없다. 물론 듣기 나쁘지는 않았지만 말 자체는 헛소리가 분명했다. 그녀가 웃은 이유는 쩔쩔매는 의기의 모습 때문이었다.

"근데 거짓말이죠? 제가 168이에요. 희영 씨는 저보다 많이 커 보이는데."

"전 거짓말 안 해요. 한번 재볼래요?"

희영이 먼저 의기의 옆에 바짝 붙어 섰다. 의기도 어깨를 활짝 펴고 뒷머리를 맞댔다. 서로가 머리 위로 손바닥을 맞대어 똑같음을 확인하자마자 희영을 태울 버스가 정류장으로 미끄러져 들어왔다.

"다음 모임에 꼭 봐요!"

희영이 의기의 귓가에 외치고는 용수철 튀듯 버스에 올라탔다. 차의 문을 닫는 안내양의 퀭한 눈과 희영의 밝은 손짓이 묘한 대조를 이루었다. 의기는 희영을 태운 버스가 시야에서 사라진 뒤에야 걸음을 옮겼다. 시계를 보니 넉넉하고도 넉넉히 남은 시간이었으므로 의기는 마장동 집까지 단숨에 걸어서 갔다.

농활

1학기가 끝나가고 있었다. 누구에게든 마지막 기말고사를 끝내고 강의실을 나오는 순간 방학이 찾아오는 법이다. 먼저 기말고사를 끝낸 학생들이 빠진 학교 안은 다소 한산했다. 계절은 본격적인 여름의 복판으로 들어서고 있다.

"의기야, 너도 시험 끝났니? 난 다 끝났는데."

"응, 막 끝내고 나오는 길이야. 시원하다."

"시험은 잘 봤고?"

"두말하면 잔소리지. 문제를 보는 즉시 답이 국수 가락 나오듯 술술 나오지 않았겠어? 근데 문제가 잘 안 보이는 게 문제지."

"하여간, 넉살하고는!"

시험을 끝낸 영란과 의기는 도서관 앞을 지나고 있었다. 이미 일정이 정해진 쿠사 엠티 세부 계획을 잡기 위해 동아리방을 찾아가는 중이었다. 4학년이 엠티에 동행할 리는 애초에 없으니 일정을 관할하는 것은 3학년의 몫이었다.

의기나 영란이나 쿠사의 활동을 멈춘 지 오래되었다. 2학년 내내 동아리방조차 찾지를 않았었다. 그리고 둘은 각자 비공식적인 모임에서 자신의 활동들을 하고 있었다. 그런데 작년 가을 시위들 이후로 변해가는 학내의 분위기에 쿠사도 영향을 받는 모양이었다. 신입생 회원들로부터 사회과학 공부를 하고 싶다는 의사가 전달되어 왔던 것이다.

그들을 만나 확실한 의사를 확인한 의기는 영란을 만나 함께 후배들을 도와주기로 했다. 그리해서 마음 떠났던 동아리의 엠티를, 후배들을 위해 적극적으로 준비하게 되었다. 강원도 치악산 자락의 신림계곡을 찾아가 2박3일 동안 무사히 야영을 하고 오기 위해서는 준비물을 분담하고 확인하는 것도 작지 않은 일이었다.

한편으론 동아리 후배들 공부까지 이끄는 건 너무 무리가 아닌가 하는 생각도 들었다. 다행히 동기가 있어서 서로 짐을 나누면 된다 생각하니 마음이 그리 무겁지만은 않았다. 어쨌든 지금은 엠티 계획에 집중하자 하고 학생회관을 들어섰다.

올해 들어서 관여하게 된 것이 많아졌다. '황토'의 76학번 친구들과 만나기 시작했다. 남자들은 전부 지난해 시위로 인해 감옥에 가 있으니 남은 친구들은 여학생 몇 뿐이긴 했다. 그중엔 영란도 있었다.

선배의 주선으로 그 모임에 연결이 되었는데 그 선배는 워낙 은밀하게 운영되던 '황토'를 이끌고 있던 사람이었다. 사라진 남자 동기들의 자리에 어느 날 불쑥 등장한 의기에 대해 여자 동기들이 처음엔 그의 정체를 의심했었다. 쿠사 동기이기도 한 영란도 마찬가지였다.

'쟨 뭐야?'

선배의 주선으로 만나기는 했으나 그에게서는 엄격하고 날카로운 혁명가, 혹은 운동가의 냄새가 전혀 풍기지 않았다. 위아래의 국방색 작업복은 때가 닳다 못해 반들반들했고, 거기에 고무신까지 더해지면 가관이었다. 물론 학교에서 종종 마주치긴 했으나 이미지는 변혁을 꿈꾸는 자가 아닌 개똥철학 양아치거나 날라리였다.

반면에 의기는 그런 친구들의 속을 아는지 모르는지 해맑을 뿐이었다. 그런 그의 정체를 확인하는 데는 많은 시간이 필요 없었다. 얘기 몇 마디 나누는 동안 그의 공부와 고민의 깊이를 알 수 있었기 때문이었다. 걸음걸이가 건들건들했던 건빵바지는 실제로는 그동안 그들이 볼 수 없었던 실전형의 활동가였다. 가부장성이나 마초의 기름기가 묻지 않은, 인간 그 자체였다. 은밀한 정보를 주고받을 동지이자 격의 없는 친구였다.

형제교회의 농촌문제연구회는 의기의 마음에 가장 큰 무게로 다가온 모임이었다. 처음엔 그리 큰 기대를 하지 않았다. 직접 모임에 참여해서 앉은뱅이 탁자 주위에 둘러앉은 친구들의 진정성을 확인하기 전까지는. 하지만 단 한 번의 모임으로 의기는 모임의 취지와 구성원의 열정에 담뿍 취했다.

게다가 그곳엔… 한 여자가 있다. 그런 느낌 처음이었다.

처음 희영과 눈이 마주치는 순간 의기는 자신의 심장이 사라지는 느낌이었다. 그녀에게서는 투사의 모습이 보이지 않았다. 치열하게 시대를 견뎌내는 고통도 보이지 않았다. 그럼에도 그녀의 따뜻한 눈빛은 의기 자신을 포함해 모임에 참가한 모두의 뾰족하기 그지없는 의식들을 다 품고도 남을 듯했다.

무엇보다 그의 문을 열고 들어온 희영은 눈이 부시도록 예뻤다.

의기는 선배 경숙이 자신을 모임에 합류시킨 이유를 알 수 있었다. 경숙 자신을 대신해서 모임을 주도해나가기를 원한다는 것을. 그녀에게는 자신의 새로운 일이 생겼을 것이다. 본인에게 직접 사연을 들은 것은 아니었다. 그저 강렬한 추측일 뿐이었다. 의기가 경숙과 처음으로 말을 섞은 것이 약수동 모임 불과 며칠 전이었기 때문이었다.

그 또한 두 사람이 공통으로 알고 있는 한 선배의 주선이었다. 그리고 의기나 경숙이나 서로에 대해 사전에 알고 있는 내용은 거의 없었다. 학교 안팎에 정보원들의 수가 늘어날수록 모든 것이 지하에서 이루어지듯 은밀하게 진행될 수밖에 없었다. 알아도 모르는 척. 불필요한 내용은 사전에 스스로 차단하기.

의기(宜基)

방학 중 농촌활동은 새로운 방향을 모색하고 있었다. '서강대 연합농촌활동'이 그것이었다. '농촌봉사활동'에서 봉사를 뺀 농활이었다. 농촌 현실을 직시하고 농촌과 농민을 살리려는 운동적 시각을 갖고 있는 동아리나 조직들은 한 몸으로 움직이자는 것이었다.

그것을 위해 농활을 떠나기 전까지 수차례의 자료 검토와 세미나를 갖기로 되어 있었는데, 그 농활대장의 직책이 의기의 몫이었다. 농활의 전 과정을 책임지고 관리하는 것은 물론 사전 세미나 일부와 농활 전 과정을 관통하는 규칙을 준비하는 것에 이르기까지 그가 감당해야 할 몫이 너무도 많았다. 쿠사 엠티가 끝나자마자 단 하루도 쉴 틈이 없을 것이다.

모든 것이 정신없이 흘러가고 있었다.

"먼저 여러분께 기쁜 소식부터 하나 알려드리겠습니다."

참가자들은 모임 시작하자마자 자신들에게 건네진 몇 장의 복사물들을 주의 깊게 보고 있었다. 76년에 발생한 함평고구마사건을 다룬 신문기사들이 복사되어 있는 자료들이었다. 한 장은 그간의 경과를 시간 순으로 요약한 일지였다. 그 종이의 절반이 여백인 것으로 보아 참가자들의 개인적인 기록을 위한 공간일 터였다.

기사들의 제목을 훑어보느라 정신이 팔린 사람들은 의기의 한

마디에 고개를 들었다. 모두의 눈에는 호기심이 가득했다. 여태 껏 어느 발제자도 그런 식의 준비를 해온 적이 없었다. 희영의 궁금증은 그중에서도 남달랐다. 그녀는 그 사건에 대해 사전 지 식이 거의 없었다. 모임에서 지나가는 사례로 이름을 들었을 뿐 이다.

"맨 마지막의 요약 장을 보시면 알겠지만 농민들이 지난한 과 정을 견뎌내고 얻어낸 승리였습니다. 피해가 발생한 시점부터 따져서 이십 개월이었죠. 아, 고구마 심을 철에 농협이 농민들을 기만하기 시작한 것을 계산하면 정확히 이 년이네요. 아무튼 요 구한 피해보상금액 309만 원을 농협 전남도지부장의 대리인이 직접 농민들이 단식농성을 하고 있는 광주북동성당을 찾아가 전 달한 것으로 끝이 났는데요. 마지막까지 굽히지 않던 160농가 앞 으로 각 19,300원씩의 금액입니다."

"금액이 너무 적은 것 같은데 산출 근거가 있었겠죠?"

의기가 잠시 말을 멈춘 사이에 한 회원이 질문을 했다.

"실제로 농협이 수매한 것은 수확량의 40프로밖에 안 되었죠. 그 남은 물량 중 3분의 2가 나중에 중간상인들한테 헐값에 팔리 고 나머지는 썩어버렸으니 그 손해의 평균을 금액으로 환산한 것입니다."

꼼꼼한 의기의 설명에 한 친구가 옆의 친구에게 속삭였다.

"라면 한 박스에 몇 개나 들어있지?"

의기(宜基)

"글쎄… 한 오십 개 되려나?"

"그래? 그러면… 넉 달 동안 농협 믿고 몰빵한 농사의 피해액이라면 여덟 박스 값도 안 되네, 거참!"

"초코파이도 한 개에 50원인데."

세상일은 때로 의도치 않은 곳에서 사람을 웃게 만든다. 이해하기 힘든 것을 애써 이해해보려고 애쓰다 보면 헛웃음만 나오는 경우도 있다. 이런 게 그런 경우였다. 아무리 세상 바닥에 널린 현실을 잘 모르는 학생일지라도 한눈에 눈치챌 수 있는 부조리였다.

승리. 기쁜 소식. 사실 놀랍기 그지없는 소식이었다. 그럼에도 서울 약수동 작은 교회의 골방에 모여 앉은 젊은이들의 입에선 허탈한 웃음이 나왔다. 해방 이후에 정부를 상대로 농민이 처음으로 요구를 관철한 승리였다. 유신치하, 또한 긴급조치가 지배하는 세상에서 그 승리를 예측한 사람이 몇이나 되었을까.

출발은 농민과 정부와의 싸움이 아니었다. 농민을 기만했던 것은 농협이었다. 농민의 피해보상요구의 대상 또한 정부가 아닌 농협이었다. 하지만 양자의 싸움 과정에서 정부는 진상을 조사했고, 정부는 의당 농협으로 하여금 농민의 피해를 보상하도록 했어야 했다. 고구마 수매를 위해 정부는 이미 농협에 대금을 지급했기 때문이다.

엄밀히 말하면 정부도 농협에게 사기를 당한 처지였다. 하지만 정부는 어떠한 조치도 취하지 않았다. 사건을 공중에 매달아놓고 나 몰라라 딴짓하고 있는 꼴이었다. 농민들이 성당에서 목숨을 건 단식투쟁에 들어갈 때까지. 추기경, 대주교 등의 천주교계 거물들이 농민의 편에 설 때까지. 전남 지역의 대학생이 성당으로 몰려올 때까지.

역으로 말하면 농민운동이 농민만의 힘으로는 자신들의 목적을 이룰 수 없다는 반증이기도 했다. 거대한 권력집단에 맞서기 위해서는 종교계, 시민단체, 지역의 대학생들까지도 힘을 합쳐야 한다는 것을 현실적으로 입증한 사건이었다.

실상을 파악하고도 일 년 동안 정부는 오히려 경찰력을 동원해가며 농협을 도와줬다. 긴급조치9호라는 카드까지 흔들어가면서. 사정이야 어떻든 정부의 대리기관인 농협에 대드는 행위 자체가 그들에겐 반정부활동이었다. 이것이 함평고구마피해보상 운동이 농민과 정부 사이의 사건이 된 이유였다.

약 삼십 분간 배포한 자료의 내용을 하나하나 짚어가며 의기는 설명을 이어갔다. 그리고 자신이 직접 찾아갔던 성당의 분위기와 몇 가톨릭 농민회원들로부터 직접 들은 이야기들을 전했다. 설명을 마칠 즈음 의기는 한마디를 덧붙였다.

"이 싸움이 진정한 승리인 데는 절대 놓쳐서는 안 될 점이 있습니다. 사실 4월 29일에 피해보상금을 받은 후에도 농민들은 단식을 풀지 않았습니다. 시위 중 연행됐던 동료 두 명이 풀려나서

의기(宜基)

야 비로소 자신들의 투쟁을 종료했던 겁니다. 5일간의 단식을 8일간으로 연장했던 것이죠. 제대로 된 승리라 할 수 있지 않을까요? 물론 그간 그분들이 흘렸던 피눈물에 비하면 아무것도 아닐지 모르지만."

자신의 발제를 마칠 때쯤 의기는 한 장의 복사물을 꺼내 둘러앉은 친구들에게 빙 둘러 보여줬다. 함평고구마사건이 종료되고 난 후 서울과 광주 등의 주요 일간지에 실렸던 기사들을 스크랩해서 복사한 내용이었다. 그중 일부 제목에 의기가 붉은 색연필로 밑줄을 그었다.

'단군 이래 최대의 부정사건'
'농협 고구마 수매자금 80억 원 유용'
'농협 임직원 659명 무더기 징계'

농협이 농민들에게서 사들였음에도 마치 중간상인들로부터 높은 값에 수매한 것처럼, 또한 구매하지도 않은 고구마를 구매한 것처럼 장부를 조작해서 발생한 차액이 80억 원이었다. 애초에 정부가 농협에 지불한 고구마대금이 얼마인지까지는 기사에 나와 있지 않았으나 횡령한 금액만 80억이란 사실에 모두들 입을 다물지 못했다.

"80억이면 얼마야? 감도 못 잡겠네."

"내 집 없어 늘 서러우신 우리 아버지 말씀이 서울에서 중심부만 아니면 천만 원에 마당 딸린 집을 산다 했는데."

"그럼 80채?"

"아니, 800채!"

"그걸 지들끼리만 나눠 먹었을 리는 만무하고⋯. 농협 지붕을 뚫고 윗선 어디까지 올라갔을까?"

그날 모임의 뒤풀이는 교회에서 라면을 끓여 먹는 것으로 대신했다. 라면을 먹으며 고구마농사를 어떻게 짓는지에 관한 이야기도 오갔다. 시골에서 자란 친구들은 농사의 고됨을 누구보다 잘 알았다. 의기 또한 이 년 동안의 농촌봉사활동을 했던 터라 어느 정도는 알고 있었다.

의기의 인상 깊었던 발제 내용과 방식에 대해 소감을 나누는 것도 잊지 않았다. 친구들은 꼼꼼하게 신문과 잡지의 기사의 내용들을 발췌하고 스크랩한 정성에 모두 혀를 내둘렀다. 모임에 나온 지 근 3개월. 의기는 어느새 모임을 이끌어가는 위치에 놓여 있었다. 경숙은 모임에 불참하는 일이 잦아졌다. 아마 조만간 아예 모임에 나오지 않게 될 것이다.

친구들과의 작별 인사 후 의기와 희영은 역시 함께 걸었다. 정해진 정류장 없이 청계천까지, 때로는 종로까지 함께 걷는 것이 모임 후 둘의 일과였다. 둘은 서로의 가족사까지도 허물없이 털어놓는 친구가 되어 있었다.

　　　　　　　　　　　　　　　　　　　　　　의기(宜基)

"그동안 별일 없었어?"

"별일 있었지."

희영의 의례적인 안부 물음에 의기가 다소 과장된 목소리로 대답하며 어깨를 붙였다. 희영도 자신의 어깨를 의기에게 의지하듯 기댔다.

"지난주에 동아리 후배들과 엠티를 갔거든. 치악산 계곡물이 내려 흐르는 큰 개울가였어. 아, 그 너른 자갈밭과 마주 보이던 암벽이 멋지게 어우러진 곳이었거든! 그런데 밤새 비가 퍼붓지 않았겠어? 모두 술에 떡이 돼서 잠들었는데 말이야. 등이 축축해 눈을 떠보니 텐트 바닥이 젖기 시작한 거야. 부리나케 일어나서 애들 깨우고 보니까 여자애들 있는 옆 텐트도 웅성웅성 하더라고."

긴박한 새벽의 정황을 들려주는데 마치 싸움판에서의 무용담을 전하듯 의기의 목소리는 높낮이의 변화가 심했다.

"그 와중에도 텐트 다 걷어 둘러메고 배낭 하나 빠뜨린 것 없이 다 챙겨서 빠져나왔어. 술병이니 먹다 남은 음식 찌꺼기까지 다 들고 나왔다니까. 지금 생각해보면 아찔해. 처음에 깼을 땐 텐트 바닥이 막 젖기 시작했는데 나올 때는 거의 무릎까지 차올랐으니까. 물살이 얼마나 세졌든지! 서로 안 놓치려고 손에 손을 꽉 잡고 건너왔어."

이야기를 듣는 동안 희영은 자신에게 수시로 꽂히는 의기의 시선을 알고 있었다. 그리고 그럴 때마다 작은 즐거움이 쌓였다. 그의 화술이 참 묘하다는 생각도 들었다. 긴박한 장면을 떠올려 몸이 오싹할 것도 같은데 왠지 한 편의 동화를 듣는 것처럼 재미가 가득했다.

"이제 거의 한 달가량 모임이 없을 텐데. 각자 자기 학교들의 농활도 있고, 나도 교회 여름성경학교 일정도 일주일 치러야 하고…. 우리도 일종의 방학을 갖는 걸까?"

희영의 목소리에 묻어 있는 아쉬움을 의기는 눈치챘다.

"그렇지. 나도 내일부터 농활이니 열흘 동안은 서울에 없지. 하지만 우리한테 방학까지야 있겠어?"

"응?"

말뜻을 언뜻 이해 못 해 고개를 갸웃거리는 희영에게 의기가 씩 웃어 보였다. 그러곤 도둑처럼 그녀의 손을 훔쳤다. 자신의 것보다 조금 더 큰, 그러나 아기의 살갗처럼 보드라운 희영의 손을 의기는 놓아줄 생각이 없었다. 포기한 듯, 혹은 안도한 듯 희영도 그의 손을 놓으려 하지 않았다.

"내가 농활 갔다 오면 제일 먼저 희영이 너를 만날 거야. 난 태생이 부지런한 놈이라 방학을 싫어해. 넌 방학이 좋아?"

"아니!"

희영은 혹여 지나가는 산들바람을 놓칠세라 서둘러 답했다.

의기(宜基)

그날 밤늦게 집에 도착한 의기를 노심초사하며 기다린 사람이 있었다. 누나 주숙이었다. 골목에 들어선 의기의 기척을 느끼자마자 주숙은 방에서 나와 철문 안을 서성이고 있었다.

"어? 누나, 이 시간에 뭐 하고 있어?"

"잠깐 이리 와봐."

주숙은 의기를 가능하면 숙소에서 멀리 떨어진 곳까지 데리고 갔다. 처음 보는 누나의 모습에 의기는 어리둥절해하면서도 따라갔다. 뭔지 모르지만 유쾌한 일일 것 같지는 않았다.

"오늘 마포서 형사가 왔다 갔대."

"마포서 형사가 마장동엔 왜?"

의기는 짐짓 못 알아듣는 척 물었다. 물론 짚이는 바가 없는 건 아니었다. 올해 들어서 자신의 존재가 그 정도 드러나는 것은 감수한 바였다. 하지만 벌써 자신의 집으로 찾아오리라고는 생각을 못 하고 있었다.

"낮에 찾아와서는 엄마한테 네가 다니는 교회 못 가게 하라고 했대."

"내가 다니는 교회?"

자신이 형제교회 모임에 나가는 걸 말하는 게 틀림없었다. 형제교회야 워낙에 권력의 주목을 받고 있는 교회였으니 이해가 되었다. 언젠가는 주일예배 후에 '유신철폐'라고 적힌 머리띠를 두르고 가두행진을 했다가 교인 30여 명이 전원 연행되기도 했던 교회였다.

자신은 예배에 참석한 적은 없으니 농촌문제연구회 모임에 나오는 걸 알고 있다는 말이었다. 미처 눈치 못 채는 사이에 미행을 당했거나 아니면 교회 앞 가게에서 늘 관찰하고 있는 자에게 파악된 것일 수도 있었다. 며칠 전 쿠사 후배들과 강원도에 다녀온 것도 알고 있을 것이다. 그렇다고 가족에게 예견했던 걱정거리가 생겼다는 점을 빼면 별 심경의 동요는 없었다.

"쟤들이 싫어하는 교회면 좋은 교회인 거 알지, 누나? 별것 아냐. 걱정하지 마. 그렇다고 마포서 놈들이 여길 찾아와? 한가한 놈들이네."

의기는 오히려 희영을 걱정하고 있었다. 그 와중에 희영이 학교에서 별 활동을 하고 있지 않다는 사실이 위안거리가 되었다.

"막내야, 어떻게 걱정을 안 해? 엄마 말에 의하면 일전에 성동경찰서에서도 찾아왔대. 내색은 크게 안 하시는데 걱정이 태산이실 거야. 알고 있어라."

주숙은 막내의 변화를 오래전부터 알고 있었다. 2학년이 되더니 부쩍 말수가 줄어든 동생이었다. 더 이상 자신과 친구처럼 장난치고 수다도 떨던 의기가 아니었다. 집에 있을 때 흥얼거리는 노래도 바뀌었다. 그리고 그 노래 중 몇은 자신에게 가르쳐주기도 했다. 그중에서 〈백치 아다다〉는 주숙도 좋아하게 된 노래였다.

어쩌다 이야기를 하면 농촌과 농민에 관한 이야기가 대부분이었다. 그리고 큰오빠인 정기에게 큰 부채 의식을 갖고 있는 것도 알게 되었다. 정기가 농사를 포기하고 탄광으로 갔다는 소식을 들었을 때 의기는 마치 자신이 죄인이라도 된 듯이 고통스러워했다.

박정희와 정부에 관한 말을 할 때 의기의 눈엔 서슬이 비치기도 했다. 너무도 착한 동생. 법 없이도 살 막내. 그러나 시간이 갈수록 쌓여가는 불안감을 감출 수는 없었다.

"의기야, 나는 네 말이 옳은 걸 알아. 누구보다 너를 믿고. 하지만 행동으로 옮기는 건 네가 아니었음 좋겠어."

어느 날 의기에게 한 말이었다. 자신에게 무슨 일이 생긴다면 견딜 수 있을 것 같았다. 하지만 막내인 의기가 다치는 건 생각만 해도 무서운 일이었다.

"누나, 너무 늦었는데 그만 들어가 자자. 엄마가 물어보면 별것 아니라고 말씀드려. 아마 엄마는 나한테는 아무 말씀도 안 하실 테니까."

"엄마 성격에 어련하시겠니."

"먼저 들어가. 난 한 대 빨고 들어갈게."

주숙을 들여보내고 나서 의기는 담뱃불을 붙여 첫 모금을 깊이 빨아들였다. 포기하지 않는 삶을 산다면 피할 수 없는 운명이 다가오고 있었다. 식민지배하의 그 사람들처럼. 해방 공간의 그 사람들처럼. 유신독재하의 수많은 선배들이 마주한 것처럼.

불과 며칠 전 박정희는 또다시 대통령이 되었다. 9대이자 다섯 번째다. 거수기에 불과한 통일주체국민회의의 만장일치 선출이었으니 선거도 당선 과정도 없는 실제적 취임이었다. 공식적인 취임식 날짜까지 기다릴 필요도 없었다. 스스로 마지막이라 했지만 그 말을 믿는 사람은 없었다. 권좌에서 내려오는 건 죽음을 의미할 테니 아마 죽기 전엔 내려오지 않을 것이다.

얼마나 더 어두워져야 새벽이 올지.

"기상! 기상!"

충북 괴산군 장연면 조곡하리의 외딴 농가를 카랑카랑하게 흔드는 소리에 깊은 잠 속에 빠져 있던 청춘들이 굼벵이처럼 몸을 움직이기 시작한다. 여기저기서 끙끙대는 신음 소리가 들렸다. 의기는 시계를 들여다본다. 5시에서 벌써 이 분이나 지나 있었다.

농활 10일 차. 새벽부터 해지기 전까지 쉴 새 없이 달려오는 동안 지칠 대로 지쳤지만 그래도 젊음이 약이다. 대장인 의기가 한 번 더 기상을 외치기 전에 여자고 남자고 할 것 없이 모두 벌떡벌떡 자리를 박차고 일어났다. 마당에 모인 부스스한 얼굴들에선 아직 눈곱도 떨어지지 않았다.

"오늘 아침밥 당번은 누구죠?"

뒤에 서 있던 남자 둘이 손을 들었다. 여자보다 남자들의 수가 훨씬 많다보니 어떤 끼니에는 남자끼리 짝을 이루기도 했다.

"여러분 그동안 고생이 많았습니다. 다친 사람도 없고 사고도 없이 무사히 마지막 날을 맞이하게 됐습니다. 해 뜨기 전에 일을 시작해야 하니까 두 사람 빼고 빨리 출발합시다. 마을 분들보다 늦으면 안 되겠죠? 오늘 아침 일은 담뱃잎 따기와 고추 따기, 그리고 콩밭 김매기인데 어느 분들 밭이 될지는 가서 확정하겠습니다. 자, 출발!"

"대장님, 노래 불러도 됩니까?"

마당을 나와 언덕 아래 마을과 밭들이 보이는 길에 들어설 때 대원 중 하나가 큰 소리로 외쳤다. 허락을 구하는 질문이 아니라 노래의 시작을 알리는 신호 같았다. 의기가 대답 대신 〈작은 세상〉을 선창함과 동시에 새벽을 흔드는 합창이 이어졌다.

함께 나누는 기쁨과 슬픔
함께 느끼는 희망과 고통
이제야 비로소 우리는 알았네
작고 작은 이 세상

새벽의 고요함을 뚫고 일할 준비가 되어 있음을 우렁차게 알렸다. 새벽 첫 일을 하러 나가는 길에 부를 노래로는 〈작은 세상〉

농활

뿐 아니라 흥겨운 동요의 가사를 바꿔 연습하기도 했다. 모두 아침을 열기에 충분히 활기찬 노래였다.

마을 안으로 들어가니 이십여 호 되는 농가의 분들도 하나둘 모여들고 있었다. 일찌감치 나와 기다리고 있던 이장이 일행을 반갑게 맞아주었다. 농사일 바쁜 시기에 마을을 찾아준 젊은 일손들이 반가워서일 수도 있었겠으나 마을 청년들하고도 잘 어울리는 성격이었다. 갈수록 이장이 정부의 앵무새가 되어가는 세상에서 그는 이장치고는 덜 보수적이고 덜 고리타분했다. 무엇보다 마을의 일은 자기가 다 책임진다는 호기가 있었다.

조곡리에는 두 개의 농활대가 찾아들었다. 상리에는 제일교회의 대학생부가, 하리에는 의기가 인솔한 서강대 농활대가 찾았다. 그러나 서강대의 깃발을 올린 것은 아니었다. 굳이 대학생이라는 신분을 앞세울 필요는 전혀 없었다.

물론 지역 경찰의 주의를 끌었을 것임엔 분명하다. 제일교회 자체가 전국에서 가장 요주의 대상 교회였다. 목사고 신도고 구속 경력자가 한둘이 아니었다. 아마도 지역 기관들은 아무 일 없이 조용히 농활이 끝나기만을 바라고 있는지도 몰랐다. 당연히 마을 사람들 중 몇은 그들의 정보원 역할을 할 수도 있었다. 어쨌든 마을 사람들 대부분은 상리나 하리 모두 제일교회의 청년 회원들이라 여기고 있었다.

조곡리 중에서도 하리는 강가로 가장 깊이 내려가야 있는 마을이었다. 버스에서 내려 한 시간가량 시골길을 걷고 나면 언덕이 나타났다. 그 언덕을 넘어가면 처음에 만나는 마을이 조곡상리였다. 상리를 지나 산과 산 사이의 구불구불한 농경지와 작은 숲들을 지나다 보면 중리가 나오고 맨 끝에 하리가 있었다. 이십호가 채 안 되는 작은 마을이었다.

교회의 대학생부와 의논을 하면서 의기는 일부러 가장 끝 마을인 하리를 찾겠노라 요청했다. 대원들이 아주 깊은 촌에서 농촌 현실의 진수를 느낄 수 있을 거라 여겼기 때문이었다. 마을을 찾아가는 과정부터 고된 여정임은 말할 것도 없었다.

각자 자기 짐만 메고 가는 것이 아니었다. 쌀과 채소를 포함한 열흘 치 식량을 나눠 멨기 때문에 모두가 견뎌낼 수 있는 최대치까지 짐을 지고 걸어야 했다. 정류장에서 한 시간을 걸어 첫 마을인 상리가 시야에 들어왔을 때 대원들은 그곳이 목적지인 줄 알고 환호성을 지르기도 했다.

한 시간을 더 걸어 하리에 도착했을 때 대원들의 몸은 땀에 젖다 못해 푹 절어 있었다. 그래도 환영해주는 마을 분들 앞에서는 힘들지 않은 척 호기를 부리기도 했다. 갈증만큼은 숨길 수가 없어서 남녀 할 것 없이 우물물을 반 바가지씩은 들이켰다.

숙소는 마을 밖에 있는 외딴 집으로 정했다. 그 집은 마을을 통과하는 길 건너편 언덕배기에 있는 빈집이었는데 숙소로는 안성맞춤이었다. 마을 사람들 의식하지 않고 밤늦게까지 평가회를 할 수도 있었다. 답사를 왔을 때 의기가 숙소로 정했던 곳인데 봄까지는 사람이 살던 집이라 했다.

마을의 첫 빈집이었다. 농촌의 비관적인 미래를 옮겨놓은 듯한 그 집에서 대원들은 사람 냄새를 맘껏 풍겼고 많은 생각과 의견을 나누었다. 마을회관이 없어 때마침 대원들의 숙소가 된 그 집을 마을 청년들이 아침부터 깨끗이 치워놓았다고 했다.

짐을 풀자마자 일거리를 찾던 대원들을 말린 것은 이장이었다. 다음 날 새벽부터 일을 해야 하니 우선 쉬고 이른 저녁을 먹은 후에 마을로 내려오라고 했다. 마을에 내려온 그들을 맞이한 것은 마을 청년들의 풍물 공연이었다. 대학 풍물패의 공연과는 소리와 가락 모두 조금씩 달랐다. 조금 더 투박하고 조금 더 깊었다.

판이 끝나자 아주머니들이 직접 만든 두부와 찐 감자, 그리고 막걸리가 나왔다. 대원들 모두 당황한 기색이 역력했다. 자신들이 먹을 것은 모두 스스로 해결하는 것이 원칙이었기 때문이었다. 거기에는 새참까지 포함돼 있었다. 모두들 의기를 쳐다보았다.

의기도 당혹스럽긴 마찬가지였다. 답사를 왔을 때 이장에게 분명히 자신들의 입장을 알리고 이장도 흔쾌히 그것을 받아들였기 때문이었다. 의기는 이장을 바라보며 난처한 표정을 지었다.

"이장님, 이거는 저희가…."

"아녜, 알아. 하지만 우리도 입장이 있지. 우선 청년들의 의견이 강경해. 그래서 첫날과 마지막 날만 대접하기로 했네. 나를 설득해봤자 소용없을걸."

이장이 마당 멍석 위에 둘러앉은 청년들을 손으로 가리켰다. 열 명 가까운 마을 청년들의 눈빛이 부리부리했다.

"게다가 이건 무슨 대접이랄 것도 없어. 두부하고 감자 몇 조각 정도인데 이건 넘어가세, 응? 대신 남은 기간 동안은 여러분의 의견을 절대 존중하겠네."

"약속하시는 거죠?"

결국 의기가 약속을 받아낸 것을 끝으로 흥겨운 자리가 되었다.

"이왕 시작한 거 모두 자리를 섞어 앉는 게 어떻습니까?"

의기의 한마디에 대원들이 모두 일어나 마을 사람들 사이로 자리를 옮겼다. 그리고 대원들이 하나씩 일어나 자신의 소개를 하고 나서 왁자지껄한 대화들이 오고갔다. 그래도 대원들 모두 막걸리 두 사발을 넘기지는 않았다. 술을 마셔도 취기가 오를 정도로 마시는 것은 금물이었다. 더구나 첫날이었다.

하리는 깊어서 한없이 적적한 곳이긴 했으나 천혜의 자연을 끼고 있었다. 마을과 숙소 모두 뒷산의 품 안에 아늑히 안겨 있는 형상이었다. 산의 높이도 나지막하여 마을은 연중 내내 따스한 볕을 받고 있으니 농사짓기에도 그만한 곳이 없을 것 같았다.

마을 끝에는 남한강 지류인 달천이 흐르고 있었다. 모래톱과 수초가 함께 어우러진 달천은 새벽이면 물안개를 뿜어 올렸다.

새벽에 그 장면을 보는 것 자체가 평생의 행복을 얻는 것이었다. 하루 일과를 끝내면 남자들은 주로 우물가에서 등목을 했지만 여자들은 어두워지기를 기다려 달천으로 나가서 몸을 씻었다. 그럴 때는 어김없이 남자 대원들이 경계를 섰다.

햇볕 뜨거운 한낮에는 밭일을 되도록 삼갔다. 논이든 밭이든 마을 사람들도 그때는 농사일을 쉬었다. 여자들은 마을 아이들의 학교 공부를 돕거나 그림 그리기, 혹은 함께 어울려 율동을 가르치기도 했다. 남자들은 마을 이곳저곳을 소독하거나 집이나 광의 보수를 도왔다.

저녁을 먹은 후에는 마을에서 청년들과 세상 이야기를 나누었다. 도시의 이야기보다는 농촌에 대한 이야기가 주를 이루었다. 농활을 준비하면서 약 열 번에 걸쳐 농촌 현실과 농민운동의 방향성에 대한 공부를 했지만 대원들은 절대 대화를 주도하려 하지 않았다. 그런 행위는 금물이었다. 공부는 현장에서 맞닥뜨리는 현실에 대한 이해를 위함이었지 섣부르게 짧은 지식을 앞세워 가르치기 위함이 아니었다.

두서는 없을지언정 대화를 이끌어가는 것은 마을의 청년들이었다. 그들은 농촌의 현실을 서울에서 온 학생들이 제대로 알기를 원했다. 농사의 고단함과 미래가 보이지 않는 현실을 토로할 때 그저 절망하지만은 않았다. 어떻게든 살아날 방도를 찾고 있었다.

의기(宜基)

"우리 마을에 이십 대가 열 명도 안 돼요. 두 집에 한 명도 안 남았죠. 우리마저 도시로 떠나면 이분들은 사람 써서 농사지어야 할 거예요. 그게 우리가 필사적으로 고향을 지키려는 이유지요. 근데 그게 가능할지. 주변을 아무리 둘러봐도 우리 편이 잘 안 보이네요. 농협조합장조차도 우리 손으로 뽑지 못하니 말이죠."

같은 편이 있다는 것, 먼 도시에서도 뜻을 함께하고 필요하면 함께 싸울 사람들이 있다는 것을 알려주는 것이 대원들의 몫이었다. 의기가 빛을 발하는 지점은 바로 그곳이었다. 농민이 무인도에 홀로 고립되어 있지 않다는 것, 찾아보면 지원군이 많다는 것을 알려주는 것이 그와 대원의 몫이었다.

독재니 산업화니 매판자본이니 하는 용어 따위를 쓸 일은 없었다. 가까운 사례로는 함평고구마사건, 먼 사례로는 암태도소작쟁의 등을 그는 신나는 말투로 예를 들었다. 농활이 끝나갈 즈음 의기는 청년회의 리더격인 사람에게 가톨릭농민회와 몇 농민운동가에 대한 소개를 해주었다. 그리고 자신이 훗날 농촌으로 왔을 때 그들이 도시로 떠나 있지 않기를 바란다는 말을 빠뜨리지 않았다.

모든 과정이 순조롭게만 진행된 것은 아니었다. 아무리 선의였다 하더라도 융통성 없이 지키려고만 하는 원칙은 탈을 부르기도 한다. 그 탈의 주연은 옥수수였다.

농활 3일째쯤 마을의 아주머니 한 분이 저녁에 대원들의 숙소를 찾았다. 허리춤에는 작은 광주리를 끼고 있었는데 그 안에는 갓 삶은 옥수수 몇 개가 들어 있었다. 서울에서 온 처녀 총각들이 너무 고생한다 싶어 고마운 마음에 챙겨온 것이었는데 대원들은 한사코 사양하며 그녀를 돌려보내고 말았다.

사달은 다음 날 벌어졌다. 대원들을 대하는 마을 아주머니들의 태도가 냉랭하게 바뀐 것이었다. 그 소식은 작은 마을에 삽시간에 퍼졌고 당연히 이장의 귀에도 들어갔다. 졸지에 농활대는 정나미 떨어지는 서울 것들이 되어 있었다. 이장이 설득을 해도 소용이 없었다.

결국 대장인 의기가 아주머니들을 찾아 나서야만 했다. 물론 너무 경직되게 원칙을 지키려고만 했던 점에 대한 반성을 대원들과 함께 공유하고 난 다음이었다.

"뭐 별것도 아닌 걸 갖고 그러셔. 우리가 조금이라도 마음 쓰시게 안 하려고 그런 것을. 그 규칙 내가 정한 거예요. 그러니 나를 혼내고 화들 풀어요, 네?"

"아무리 규칙이래도 그렇지! 어른이 자식 같은 애들에게 옥수수 몇 개 주는 것도 뿌리치나? 그건 사람의 도리가 아니지!"

"알았습니다. 우리가 백번 잘못했다고! 제가 이렇게 빌게요. 그러니 제발 화 좀 푸세요!"

의기가 아주머니들의 손을 일일이 잡아가며 읍소를 한 후에야 드라마 같던 갈등은 해소가 되었다. 그 이후에 마을 사람들은 대원들을 더 살갑게 대해주었다. 비 온 뒤에 땅이 더 단단해지는 원리였을까.

달천 위로 듬성듬성 횃불들이 탐색하듯 노닌다. 물 위에 하나, 물 아래 하나. 서로 마주보는 두 횃불 사이로 물고기가 보이면 횃불은 잠시 허공에 머문다. 톱날이 물살을 가른다. 불빛에 멈춰 있던 고기가 물 위로 서서히 떠오른다. 그 물고기를 옆에서 숨죽이고 기다리던 손이 잽싸게 낚아채서 양동이로 옮긴다.

하리의 청년들이 밤에 달천에서 천렵하는 방법은 참 독특했다. 한 손엔 횃불을, 또 한 손엔 톱을 들고 아주 천천히 움직인다. 횃불을 수면 가까이에서 움직이다 잠 덜 깬 물고기가 보이면 톱을 내리치는데 백발백중이다. 허리를 맞은 물고기가 떠오르면 사람이 건져내 양동이에 담는 것이다. 마을 청년들은 사냥꾼이었고 농활대원들은 양동이를 든 보조원이었다.

농활의 마지막 일정을 모두 마치고 난 저녁, 마을에선 달천에서 건져 올린 물고기들로 어죽을 끓여 작은 잔치를 벌였다. 남자들은 붕어, 송사리, 빠가사리 등의 물고기를 잡아 손질을 했고 여자들은 채소를 손질했다. 준비가 다 된 재료들은 고추장, 된장, 김치, 국수, 먹고 남은 밥이나 누룽지 등과 함께 가마솥에 몸을 담근다. 공식적으로는 어죽이요, 마을에서 부르는 이름은 꿀꿀이

죽이었다.

마당 가운데에 모닥불을 지폈다. 시골의 밤은 여름에도 서늘해서 모닥불의 열기가 그리 뜨겁지만은 않았다. 불 주위에 큰 원을 만들어 둘러앉은 사람들은 열흘간의 소회를 나눈다.

"열심히 한다고는 했는데 오히려 누를 끼친 건 아닌지 모르겠어요. 제가 김맨 자리를 덕이 어머니가 다시 와서 하시는 걸 봤거든요."

"무슨 소리! 지렁이들이 놀랬을까봐 달래주던 거였어."

깔깔깔. 마을 여인들의 웃음소리가 불꽃을 일렁이게 만든다.

"물갈이해서 배탈났을까봐 우리는 걱정을 많이 했지."

"잠자리도 뒷간도 너무 불편했을 텐데 어찌들 견뎠나 몰라."

"한창 농번기에 이렇게들 와줘서 얼마나 고마웠는지!"

"많은 걸 배우고 갑니다. 농사일이 이리 힘든 줄 처음 알았어요. 앞으론 쌀 한 톨, 깻잎 한 장도 감사하는 마음으로 남김없이 먹겠습니다!"

"여러분, 내일 가더라도 부디 우리 마을과 농촌의 현실을 잊지 마시기 바랍니다!"

"배운 만큼 마음에 새기고 갑니다. 잊지 않는 건 물론이고 여러분이 외롭지 않도록, 고향을 지킬 수 있도록 저희가 할 수 있는 일을 찾겠습니다!"

누가 나를 만들었소
어머님이 들녘에서
땅심을 받아 만들었지

이장의 요청을 받은 찬교가 〈품바타령〉의 가사를 일부 바꿔 부르기 시작했다. 일하는 틈틈이 타령을 즐겨 부르던 그를 눈여겨 보았던 이장이 마지막으로 한 번 더 듣자며 청을 한 것이다. 여자 선배들이 밥찬교라고 별명을 붙였을 만큼 고봉밥을 마파람에게 눈 감추듯 해치우곤 했던 그였다.

누가 세상을 만들었소
전능허신 상제님이
빗물을 받아서 만들었지

허어 품바 잘도 가소
정을 두고 가지 마소
미련 두고 가지 마소

박자 따위는 아예 무시하고 맘껏 늘여서 타령을 하는 그의 팔과 어깨가 모닥불 너머에서 연기처럼 흐느적거린다. 잔치가 끝나고 숙소에 돌아가면 매일 그러했듯 자정이 넘도록 평가회를 가져야 할 것이다. 예외란 있을 수 없다. 하지만 의기는 지금 마지막 밤에 마을 사람들과 자신들을 이어주는 이 풍경에 집중하려고 애썼다. 오랫동안 잊고 지냈던 일기를 다시 쓰기로 한다.

모닥불과 어죽과 막걸리. 산 위에 걸린 달.

어둠의 끝
어둠의 시작

농활에서 돌아온 의기에게 해야 할 일이 더 많이 생겼다. 형제 교회에서의 모임은 이제 현실을 인식하는 단계를 넘어 농민운동의 방향과 방법론을 모색할 정도로 깊이를 더해갔다. 의기에 대한 소문은 학생활동가들 사이에 암암리에 퍼져서 그를 찾는 곳이 하나둘 늘어나기 시작했다. 그 대부분은 기독교청년회 쪽이었다.

EYC(기독청년협의회)의 농촌분과위원회에 참여를 하게 되었다. 그 위원회 내의 지지부진했던 학습모임은 의기가 합류하면서 활력을 찾았다. 감리교청년회 농촌선교위원회에서도 요청이와 도움을 주고 있다. 또한 여러 대학의 학생들이 연합해서 만든 농촌학습모임에도 종종 참여하여 지도를 했다. 마땅한 장소가 없어 몇몇 교회를 돌며 필요할 때마다 모임 장소를 바꿔가며 모였다.

기독교 신앙과 운동 사이의 관련성을 이해하기 위해 의기는 틈나는 대로 진지하게 예배에 참석하기 시작했다. 농촌학습모임 때문에 찾게 된 형제교회의 주일예배도 참석하기 시작했다. 매주 참석하지는 못하지만 성경책을 펴거나 찬송가를 부르는 것에 조금씩 익숙해져갔다. 신학을 공부해볼까 하는 생각이 문득문득 들기도 했다.

종종 서대문에 있는 기독교선교교육원을 빌려 모임을 갖기도 했다. 그곳은 한신대의 진보적인 학생들이 주축이 되어 신학 공부를 하던 곳이었는데 한신대든 다른 대학이든 학생운동으로 제적이 되었거나 감옥을 다녀온, 흔히 말하는 '빵잽이'들이 대부분이었다. 그곳을 갈 때 의기는 이따금씩 후배들을 데려가곤 했다.

가을로 들어서자 의기에게는 마포경찰서의 담당형사가 따라붙었다. 그는 학내외를 가리지 않고 의기의 뒤를 따랐다. 수업시간에도 따라 들어와 강의실 끄트머리에 앉아 있다 나가기도 여러 차례였다. 최소한 신촌 언저리를 벗어나지 않는 한 자신의 뒤를 졸졸 따라다니는 그를 의기는 매일 봐야만 했다. 아마 시간이 더 지나면 서울 어디를 가든 따라올 것이었다.

"신영극장에서 몬도가네 하던데."

정문 안쪽 소나무 아래에 앉아 있던 일행의 시선이 모두 입을 연 친구에게 쏠렸다. 그중 가장 큰 관심을 보인 것은 의기였다. 개봉한 지 수년 된 영화가 신촌의 재개봉관으로 온 것인데 모두의 관심이 쏠린 것은 소문으로만 듣던 그 영화의 엽기적 장면들 때문이었다.

"몬도가네 본 사람 있어?"

의기의 질문에 모두가 고개를 저었다. 하지만 인간의 감추어진 욕망과 잔혹함에 대한 호기심을 누르지는 못했다. 암묵적으로 수업을 빼먹자는 결의가 전류처럼 흘렀다.

"쇠뿔도 단김에 빼랬다고, 가자!"

의기가 앞장서서 교문을 향해 빠른 걸음으로 내달리자 모두 우르르 따라나섰다. 같은 소나무밭 아래 멀찌감치 떨어져 앉아 신문을 읽던 담당형사가 부리나케 일어나 뛰었다. 교문 밖을 나선 지 얼마 안 되어 앞서 걷던 의기는 돌연 멈춰 서 뒤로 돌았다. 뒤쫓던 형사가 숨을 헐떡이며 그의 앞에 멈췄다. 친구들은 몇 걸음 떨어져서 의기를 기다렸다.

"이렇게 도망가듯 튕겨나가면 어떻게 해?"

흥분한 형사를 바라보는 의기의 눈빛은 연민으로 가득 차 있었다.

"이 형사님, 우리는 지금 신영극장에 가서 몬도가네를 볼 겁니다. 같이 보려거든 천천히 걸어오셔도 돼요. 아니면 학교에서 기다리세요. 어차피 영화 끝나면 수업 들으러 다시 올 겁니다."

그날 어깨를 으쓱이며 미안함을 표하는 형사를 뒤로하고 친구들에게 돌아갈 때 의기 역시 일말의 미안함을 느꼈다. 애초에 그를 골려먹으려는 의도도 있었기 때문이었다.

10월의 대학가엔 또다시 긴장감이 흘렀다. 유신반포기념일인 10월 17일에 광화문에서 여섯 개 대학 시위가 준비되고 있었다. 학교마다 유인물이 돌았고 서강대에도 14일 유인물이 뿌려졌다. 23일부터는 수업을 거부하는 동맹휴학을 결의하는 내용도 포함되어 있었다.

동일한 시각에 연합시위와 단체행동을 벌여 유신정권에 타격을 주자는 것이었다. 그러나 그렇게 준비되는 '거사'가 노출되지 않을 수 없었다. 준비를 했던 핵심들의 대다수가 일제히 검거되고 말았다. 일말의 기대를 갖고 의기가 광화문에 도착했을 때 광장은 텅 비어 있었다.

78. 10. 15. 日. 맑은 듯한데 …
시월.
몸은 편안하게 잘 쉬는데 마음이 불안하다.
어제 시험 두 개 보고, 내일 불란서혁명사 있고, 수요일 또 하나 있고.
세수 양치질 모두 생략하고 하루 종일 빈둥빈둥.

어제 학교에 유인물이 뿌려졌다. 17일 날 광화문으로 모이자고, 23일부터 일주일간 동맹휴학에 들어가자고.

방공등화관제가 내일에서 17일로 '사정상' 연기됐단다. 속 들여다뵌다.

지난 목요일에는 중대축제에 갔다가 상도동에서 자고 해서 너무 재미있고 좋았는데.

목욕이나 하고 와야겠다.

목욕하니까 졸립다. 정상일의 복싱을 봤다. 멍청한 녀석. KO로 지다니.

오늘이 음력으로도 보름이라 그 부조인가보다. 달 밝다.

이번 주. 폭풍이 예정되어 있는 그 전야의 긴장.

16일, 17일, 18일, 19일, 20일, 21일.

애써 태연해지려 한다.

젊음.

78. 10. 19. 목.

사회과학과 나와의 관련성.

내일 H와의 만남 약속.

오늘 행군.

변증법.

흐뭇스러움, 불쾌함.
박근창 선생의 농업경제학이 두 달쯤 만에 끝났다.

'좋은 만남으로 만들 수 있기'

나에게 있어서 귀중한 사람들.
모든 사람들을 귀중히 여겨야겠지만 특히 귀중한 사람들, 그들
과의 만남.
그런 사람들을 내 가까이 있게 해주신 신께 감사!

간다.
울지 마라 간다.
흰 고개 검은 고개 목마른 고개 넘어
팍팍한 서울 길 몸 팔러 간다.
언제야 돌아오리란
언제야 웃음으로 환히 꽃피어 돌아오리란.

의기(宜基)

78. 10. 23. 月.

오늘서부터 전 대학들이 일제히 맹휴에 들어가기로 했는데 우리 학교는 불발. 혼자서 수업거부. 제대로 표현하면 땡땡이.

이 형사의 규제가 내일서부터 좀 늦춰질 건가보다.

숨통이 좀 트이려나.

가을. 가을.

"한강은 참 크다, 그치?"

의기는 진심으로 감탄하고 있었다. 한강을 걸어서 건너보기는 처음이었다. 희영과 함께 노량진에서 용산 방향으로 한강대교에 들어섰을 때 바라본 대교의 끝은 어지러울 정도로 먼 곳에 있었다.

"버스를 타고 건널 때와는 판이하게 다르네. 처음이라 그런가?"

"나도 처음이야. 중앙대를 삼 년 동안 다녔는데 이 다리를 걸어서 건너기는."

희영은 의기의 점퍼 주머니에 들어 있는 자신의 손을 꼼지락거렸다. 의기도 희영의 손을 쥔 채로 주무르듯 꼼지락거렸다. 서로의 손을 만지작거리는 것만으로도 서로가 서로의 것이라는 확신. 달뜨는 가슴. 희영이 노래를 부르기 시작했다. 곧바로 의기가 따라 부른다. 둘이 있을 때면 늘 부르던 곡이었다.

다정한 연인이 손에 손을 잡고 걸어가는 길
저기 멀리서 우리의 낙원이 손짓하며 우리를 부르네

길은 험하고 비바람 거세도 서로를 위하며
눈보라 속에도 손목을 꼭 잡고 따스한 온기를 나누리

어느덧 노들섬의 중간쯤에 도착하였을 때 둘은 누가 먼저라 할 것 없이 멈춰서 다리 난간에 팔을 걸쳤다. 그곳에서는 어느 쪽으로든 강의 가장 긴 곳까지 한눈에 들어왔다. 오른쪽에는 둘이 걸어왔던 흑석동길이, 왼쪽으로는 동부이촌동의 길게 늘어선 아파트들이 강과 지상의 경계를 이루고 있었다. 동부이촌동 쪽 강변을 따라 끝없이 이어진 곱디고운 백사장은 그 은빛을 잃었다. 해는 이미 지평선을 넘어간 지 오래였다.

파마를 해서 끝이 고불고불 말린 희영의 머릿결이 바람을 타고 살랑인다. 단발의 파마는 희영을 장난기 많은 소녀처럼 보이게 했다. 교정에서 닭싸움할 때의 그녀는 선머슴 같기도 했다. 주황색 재킷을 걸친 곱슬머리의 소녀.

무슨 이유에선지 희영과 그녀의 간호학과 친구들은 닭싸움을

의기(宜基)

제안했다. 그것도 낭만적인 장소인 정경가든에서. 어리둥절한 그에게 친구들은 자주 그렇게 논다고 했다. 의기는 여학생 천지인 학교나 학과의 여자들이 어떻게 노는지 알 재간이 없었다.

"우리 가다가 인사동이나 명동쯤에 내려서 뭐 좀 먹을까? 시간은 되겠지?"

다시 다리 위를 걸으며 의기가 시간을 확인했다. 희영이 재킷 주머니에 손을 넣더니 끈 없는 시계 몸체를 꺼냈다. 그러곤 의아해하는 의기에게 별일 아니라는 듯 말했다.

"끈이 떨어졌어. 워낙 낡아서 간당간당했거든."

"그 시계 나한테 줘. 내가 예쁜 끈 연결해서 다음에 만날 때 줄게."

의기는 희영이 대답할 시간도 주지 않고 끈 없는 시계를 자기 주머니에 넣었다. 그러곤 그녀의 손을 자신의 점퍼 주머니에 넣고 다시 걸었다. 걷기 전에 슬쩍 뒤를 살폈다. 그러곤 쓴웃음을 지었다. 오늘은 이 형사든 누구든 뒤에 붙은 자가 없는 걸 알면서도 습관적으로 주변을 살폈다. 희영의 학교에 있을 때도 그랬다. 도서관에서도 정경가든에서도, 그리고 중앙대 교문을 나서면서도.

요새는 형제교회의 모임을 끝내고 희영과 걸을 때도 뒤에 따라붙었다. 의기가 알려주었으므로 희영도 그 사실을 알고 있었다. 마포서의 담당형사는 아니었다. 아마도 성동서의 형사일 거라고 짐작은 갔다. 항상 일정한 거리를 두고 따라오다가 의기가 집으로 가는 버스에 올라타면 그도 사라졌다.

그 바람에 드러나선 안 될 사람을 만나거나 모임에 나갈 때는 항상 삼십 분 정도 일찍 길을 나섰다. 그 정도의 시간이면 가는 도중에 미행을 따돌리는 데 충분했다. 때로 그들은 불시에 집으로 쳐들어오기도 했다.

어느 날 새벽에 철공소 담을 넘어온 형사 몇이 의기의 방을 급습했다. 의기가 학교 친구와 후배 둘을 집으로 데려온 날이었다. 통금 때문에 늦은 친구들을 집으로 데려와 부족했던 술을 마저 하는 것은 가끔 있는 일이었다. 의기도 그렇게 친구들의 집에 신세를 지기도 했다.

그날 무슨 낌새를 챘는지, 무슨 정보를 받았는지는 몰라도 새벽에 급습을 한 것인데 정작 의기와 친구들은 아직 허기진 배 속에 술을 넣고 있을 뿐이었다. 하다못해 겉옷도 벗지 않은 채였다. 방 안을 뒤져도 나오는 것이 없었다. 물론 문제가 될 만한 것을 자신의 방에 보관하고 있을 의기도 아니었다.

집안 식구들을 모두 깨워놓고 그들은 의기와 친구들을 강제로 끌고 나갔다. 현장에서 나온 것이 전무함에도 가족들 앞에서 보란 듯이.

"신발이나 좀 신읍시다!"

맨발로 끌려 나가는 와중에 의기는 형사들의 신경을 잠시 분

산시켰다. 그와 동시에 옆에 바짝 붙어 서 있는 주숙의 손에 잔뜩 구긴 메모지를 쥐어주었다. 경찰의 손에 넘어가서는 안 될 누군가의 연락처였다. 형사가 잠시 문밖을 기웃거리는 틈을 타 의기는 주숙의 귓가에 속삭였다.

"없애줘!"

주숙은 그 쪽지의 내용도 읽어보지 않은 채 잘게 찢어서 뒷간에 버렸는데 차라리 태울 것을 잘못했다며 자책했다. 가족들은 극도의 불안감을 느꼈으나 의기는 다음 날 무사하게 돌아왔다. 형사들은 큰 혐의점이 있거나 아니면 큰 조작사건을 만들기 위해 의기와 친구들을 잡아간 것이 아니었다.

말하자면 가족들 앞에서 공포게임을 시연한 것과 같았다. 밤새 낚시질하듯 이리저리 쑤셔보기만 했다. 마치 하나라도 걸리기만 바라는 듯이. 밤새 긴장의 끈을 놓지 않았던 의기에게 남은 건 허탈과 극도의 분노였다.

사물과 현상의 이면을 꿰뚫어볼 수 있는 혜안을 가지려면 끊임없이 단련해야 한다는 깨달음이 교훈이라면 교훈이었다.

78. 11. 12. 日.

운동. MOVEMENT

범위. LIMIT LINE

어둠의 끝 어둠의 시작

H. 줄 끊어진 시계가 내 손에 붙어 있고자 한다.

조그만 까만색 시계. 정도유지.

이성으로 대하게 됨을 경계.

소박한 자유주의자나 박애주의자로 머물러서는 안 된다. 박애의 기본 정신이 필수적이고 자유민주주의가 전제조건임은 틀림없으나, 그것이 절대로 전부가 아니다.

한국사회의 '사람이 살 만한 나라화(化)' 하는 데에는 구조적 모순에 대한 근본적 치유가 있지 아니하면 안 된다. 우리가 사는 세상이 보다 더 사람이 살 만한 세상이 되게 하는 일에 내가 해야 할 일을 찾아내야 한다.

사람들. 사람 만나기.

오! 주여, 이제는 여기에 우리와 함께하소서.

78. 11. 18. 土.

신(神).

사랑하기. 사람 사랑하기.

한 점 티 없이 순결함을 끝끝내 유지하기. 사(邪)가 끼어서는 아니 된다. 비겁해서는 아니 된다. 아낌없이 주고 그 대가를 원하

의기(宜基)

지 아니함.

하늘 바라면서
하늘빛 물들면서 살아온 순이

하늘에서 찾아온 십칠 인치 유리관 낮도깨비에 홀려
패션쇼하러 내려온 옥이 따라 봇짐을 싼다.

78. 11. 23. 木. 새벽
곧 방학.
이번 방학 기간에는 커리큘럼에 따라 공부 열심히 하기.
인간애. 사회혁명. 신의 의지.

희영.
농촌모임. DATE.
교회.
자유 민주주의, 자유 민주주의.
자유, 민주, Liberty, FREEDOM, DEMOCRACY.

슬프다. 우리 젊은 학도들이 학원 내에서 학업에만 열중하게 내

버려두지 않고 정치적 외침을 하지 않을 수 없는 이 시대가. 백성의 기본권마저 철저히 압살해버리고 만 유신 6년 동안의 기간에 얻은 것은 거의 대다수 백성들의 입과 눈과 귀를 봉해버린 총칼의 번득임이요, 얻은 것은 민주주의라는 탈을 쓴 파쇼적 독재주의요, 잃은 것은?

유신.

78. 11. 29. 수.

백범 선생, 친일망국사대부역배 이승만, 민족, 백성, 민중, 겨레.

이 나라 좀 더 살 만한 나라 만들자고, 우리가 당해본 남의 나라 침략하기는 말고 남의 나라 침략받지도 말고.

우리들아,

우리나라 정말 살 만한 나라 만들어보자. 알맹이는 쏙 빼서 남 다 주고 껍데기만 붙잡고 늘어져 후여후여 하지 말자. 저 사악하고 불의한 무리들 제 배 채우려고 나라 팔아먹는 수작 똑똑히 보자. 손바닥만 한 땅덩어리 그나마 절반으로 나뉘어서 서로 앙앙대는 거 집어치우자. 그런 수작 벌이는 자들 장단에도 놀아나지 말자. 그런 자들, 편안히 안락의자에 앉아 있는 것들 끌어내어 민족 앞에 무릎 꿇리고 단호히 정죄하자.

남의 입, 귀, 눈 가리는 놈, 한자리하면 마르고 닳도록 그 자리 해

처먹으려고 별별 개 같은 짓들 다 하는 놈, 자기 배부른 줄만 알고 남 배고픈 줄 모르는 놈, 우리 백성 고혈 짜내서 남의 나라 시중드는 놈, 남의 나라 돈에 환장해서 우리 처녀 팔아 처먹는 놈, 제 가진 것 아까워서 알면서도 바른 소리 못 지껄이는 놈, 음흉하고 흉측한 간계 뱃속에 감추고 말만 번드레하게 하는 놈, 닭 잡아먹고 오리발 내미는 놈, 등치고 간 빼 처먹는 놈, 한 자리 해 처먹으려고 오만 방정 다 떨고 오만 아첨 다 하는 놈, 이런 아류에 속하는 망족부역노들에게 민족 무서운 줄, 역사 무서운 줄 알게 하여 주자.

억눌리고 빼앗기고 배고프고 협박당하고 그러면서도 할 말 한마디 못 하고 죽은 듯이 지내는 민중 무섭다는 것을 똑똑히 보여 주자.

문제의 해결책은 하나밖에 없다. 어떠한 타협도 있을 수 없다.

의기는 도서관에 앉아 넋 나간 사람처럼 창밖을 바라보고 있었다. 괴상망측하기 짝이 없는 날이었다. 잔뜩 찌푸린 하늘에서 다양한 것을 뿌려대고 있다. 처음엔 비였다가 갑자기 우박으로, 그러다 다시 비로 바뀌었다가 진눈깨비가 되어 드세게 부는 바람에 방향타 없이 아무렇게나 날리고 있었다. 첫눈인가? 의기가 고개를 갸웃거렸다.

하는 일이 많고 바쁜 만큼 시간은 너무도 빠르게 흐른다는 느낌이다. 벌써 12월의 첫날이다. 정신을 차려보니 78년도가 한 달밖에 남지 않은 것이다. 내일이면 3학년의 마지막 기말고사가 끝난다. 아마도 3학년 중에서 가장 빨리 기말고사를 마치는 축에 속할 것이다. 수강신청 하나는 절묘하게 했다는 자화자찬을 하고 싶었다.

긴 방학이다. 2월의 마지막 날까지 무려 석 달 동안 아무것도 하지 않아도 누가 뭐랄 사람 없다. 학교에는 코빼기도 비칠 필요가 없다. 대부분의 학생들이 그럴 것이다. 도서관 창밖의 눈발이 그새 조금 굵어진 듯하다. 바람도 잦아들고 있었다.

의기에게는 3개월의 겨울이 너무 짧게 느껴졌다. 강하게 심장을 압박하는 느낌이었다. 형제교회 농촌모임, EYC의 농촌분과위원회 모임, 감리교청년회 농촌선교위원회 모임 등이 방학기간에는 집중적인 학습을 진행하게 될 것이다. 그 모든 것의 동력이 그의 어깨에 달려 있었다. 농촌선교위원회에서는 중요한 직책까지도 의기가 맡아주기를 기대하고 있는 눈치였다. 그런 무거운 짐을 스스로들 지려 하지 않는 모습이 답답하기도 하다.

의기는 고개를 절레절레 흔들고 펼쳐진 책 위로 시선을 던졌다. 마지막 시험인 전공책의 페이지에는 신용장에 관한 내용들이 가득했다. 너무나 원론적인 단어들. 영어는 그렇다 치고 종이 가득한 한자들은 도대체 그 용도가 무엇인지 도무지 요령부득이

의기(宜基)

었다. 주격, 소유격, 여격…. 영어와 한자를 빼면 한글은 거의 조사만 남아 있는 느낌이었다.

이렇게 공부해갖고 실전에서 뭐 하나라도 써먹을 수 있겠나. 문득 2학년 때 만났던 무역학과 선배와의 대화가 떠올랐다. 졸업을 하고 종합상사에 취직한 그는 오랜만에 학교를 찾아 후배들에게 맥주를 사주고 있었다. 프라이드치킨의 맛이 지금까지도 삼삼한 자리였다.

"너희들, 아무짝에도 쓸모없는 공부에 청춘 낭비하지 마라. 차라리 영어든 일어든 외국어나 신나게 연마해둬. 너희나 내가 배운 교재들은 휴지 조각에 불과해. 무역 판에 무역학과 출신들보다 일반학과 출신들이 훨씬 많아. 그리고 걔들이 일도 잘하고 실적도 훨씬 많이 올려. 내가 면접관이면 무역학과 졸업생을 우선순위로 탈락시킨다."

반 시간 정도나 지났을까. 의기는 책을 덮었다. 시험에 집중하기엔 너무 머리가 복잡했다. 차라리 술이나 한잔하고 나면 잡생각 없이 집중할 수 있으려나. 건조해진 눈을 두세 번 껌벅이고 나서 다시 창밖으로 시선을 던졌다. 첫눈이 진짜 맞는 걸까. 잘 내리던 눈에 물기가 잔뜩 배어 무게를 못 이기고 후드득 떨어지고 있었다. 다시 비로 바뀌려는 모양이었다.

자신이 크든 작든 무역회사에 취직해 다니고 있는 모습은 아예 상상 밖의 일이 되었다. 이제는 시골에서 농사짓고 있지 않는 자신의 모습이란 상상할 수도, 상상하기도 싫었다. 아무리 시험이고 전공이라 해도 교재가 눈에 들어올 리 만무했다.

군대를 언제 다녀올지가 문제였다. 그 대신 감옥일 수도 있다. 비록 마음의 준비는 늘 되어 있다지만 가능하면 졸업하기 전에 감옥은 피하고 싶었다. 가족 때문이었다. 집안의 마지막 희망인 자신. 하지만 이제 일 년 남은 기간 동안 학내에서 자신에게 부여된 일들로 인해 강제징집이 아니라면 군대든 감옥이든 원해도 못 갈 판이었다.

의기는 팔을 뻗어 김이 낀 창에 집게손가락 끝으로 점 하나를 찍는다. 그리고 속으로 단어 하나를 중얼거렸다. 운동. 점 하나 찍을 때마다 한 단어씩 창 너머에 찍는다. 혁명. 동지. 농촌. 농민. 농업. 승리.

We shall overcome. We shall overcome.

자신도 모르게 복음성가 한 구절을 흥얼거리다 깜짝 놀라 주변을 두리번거렸다. 도서관 아니던가. 다행이 앞뒤 자리엔 아무도 없었다. 의기는 시계를 들쳐 봤다. 마침 밥 때였다.

승리할 거야. 시간의 차이가 있을 뿐. 승리하지 않을 수 없다. 민중은 죽은 적은 있어도 한 번도 져본 적이 없어. 의기는 단독 조명을 받는 배우가 독백을 하듯 되뇌었다.

셰익스피어의 〈실수연발〉이었던가. 문득 1학년 초 자신이 공연했던 메리홀의 무대를 떠올렸다. 자신은 그저 작은 역할을 했을 뿐이었다. 그 연극에서 연출을 맡았던 복학생 선배는 의기가 동아리를 연극반이 아닌 쿠사를 선택한 것에 대해 아쉬움을 감추지 못했었다. 재철이 형. 의기는 그의 이름을 부르며 창에 점을 찍었다. 시험이 끝나면 오랜만에 그를 만나 한잔해야겠다는 생각과 함께.

희영.

마지막 점을 찍고 의기는 창에서 손을 거두었다. 당장이라도 보고 싶다. 그림자조차 다정하고 사랑스러운 사람이다. 그녀가 믿는 하나님 품 안에서 늘 평안하기를. 따듯함과 포근함을 끝내 고집하기를. 어디에 있든 멈추지 않는 자신의 기도가 그녀의 하나님을 통해 전달되기를.

그녀에 대한 애정이 깊어질수록 번민도 깊어지고 있었다. 사랑하는 사람을 불행하게 한다면 그건 사랑이 아니라는 생각. 졸업하기 전이든 후든 자신에게 닥칠 수 있는 경우의 수를 생각하면 자신의 사랑이 모순투성이일 수 있다는 생각이 점점 강해졌다.

언제든 구속될 수 있다. 그런 건 일정표에 나와 있는 것도 아니고 어느 날이라도 예고 없이 닥칠 수 있는 것이었다. 자신으로 인해 희영이 겪게 될 고통을 상상만 해도 죄의식에 몸서리가 쳐졌다. 게다가 극한적인 발악을 하는 유신의 막바지에 소리도 소문도 없이 자신의 존재가 사라질 수도 있었다.

의기는 책이며 필기도구며 모두 가방에 몰아넣고 자리에서 일어섰다. R관 지하식당에 가서 라면이나 하나 끓여 먹자는 생각으로 도서관을 나섰다.

78. 12. 5. 화. 아침

합숙.

농촌활동.

잡념을 털어버리고.

확신은 장차 의문을 불러일으키게 되고 의문은 장차 확신을 가져오게 된다.

…

오늘부터 담당이 바뀌었다. 당분간은 좀 괴롭겠다. 담당을 떨쳐버릴 마땅한 방법이 잘 안 떠오른다.

지금 내가 처해 있는 곳 어디인가.

인간. 사람. 사랑. 사회.

78. 12. 7. 목

한국 농촌.

성실하다는 것.

희영.

78. 12. 8. 금. 오랜만의 금요기도회

할아버지, 이 목사, 문 박사님.

호남농민가.

갑오농민혁명가.

삼남(三南) 농민들.

희영, 보고 싶다.

하나님.

"어이구, 우리 막내님 오랜만이십니다!"

대낮에 초췌한 몰골로 귀가한 의기의 볼을 쓰다듬으며 어머니가 말했다. 어머니는 숙소 가운데 칸의 식당에서 점심을 준비하고 있었다.

"하루에 한 번만이라도 전화를 하라니까. 공중전화가 천지에 널렸는데, 쯧쯧."

"엄마, 무소식이 희소식. 히히!"

의기는 어머니를 살짝 안아준 후 겉옷을 벗고 수돗가로 향했다. 실로 오랜만에 맛보는 어머니의 찬에는 미리 군침을 흘리게 하는 마력이 있었다. 아주 오래전부터 그랬다. 고등학교 친구들이나 대학 친구들도 어머니의 손맛에는 맥을 놓았다. 언젠가 한번 의기와 함께 집에 잠시 들렀던 대학의 여자 동기들도 그랬다.

"에고, 우리 희영이 왔네!"

희영이 찾아오면 늘 어머니가 먼저 녹았다. 처음 데리고 갔을 때부터 어머니는 희영의 선한 얼굴에 빠진 게 분명했다. 누나 주숙도 항상 친동생 맞이하듯이 그녀를 맞이했다. 일요일 예배를 끝내고 자주 의기네를 찾던 희영은 이미 가족이었다.

집밥이 주는 포만감. 기분이 하염없이 좋아진 의기는 이불 속에 들어가 단잠을 청해본다. 복잡한 세상에서 꼭 필요한 청량제가 있다면 바로 이것일 것이다. 마음껏 웃어볼 수 있고, 가난하지만 즐거울 수 있음에 감사한다. 긴장 없이 마음을 풀어놓을 수 있는 일상의 만남.

내 집에서 등 따습고 배부르니 까무룩 잠이 들 만도 한데 왠지 사이사이 파고드는 상념에 쉽게 잠에 빠지지 못했다. 근래 며칠 사이에 들려온 해외의 소식들이 머릿속에서 떠다녔다. 그것들이 현실의 기사들인지 아니면 꿈의 한 자락인지 구분이 잘 되지 않았다.

이란에서 2백만 명의 국민이 거리에 쏟아져 나와 국왕인 팔레비의 퇴진을 외쳤다. 민족주의 노선으로 영웅이 되었던 아버지와 달리 미국을 등에 업고 사십 년 가까이 통치했던 아들. 그가 펼친 파시즘적 독재에 이란 민중이 종지부를 찍으려 한다.

상황은 되돌릴 수 없어 보인다. 왕의 일가는 아마도 미국으로 망명할 것이고 오랜 세월 동안 박해를 받은 이슬람 근본주의자들이 권력을 장악할 것이다. 미국이 받아주지 않는다면 팔레비는 어디를 떠돌 것인가. 또한 십오 년 동안 국외 추방자였던 호메이니는 돌아온 조국 이란을 어디로 이끌 것인가.

이란의 사태를 강 건너 불구경하듯이 볼 수만은 없었다. 삼 년 전에 베트남이 공산화되었을 때 박정희가 꺼내들었던 것은 긴급조치였다. 마치 기다렸다는 듯이. 청와대에 앉아서 이란을 주시하고 있는 그는 또 무슨 생각을 할까. 두 경우의 공통점은 친미 독재정권의 몰락이었다.

이란의 대규모 시위가 있던 다음 날 대한민국에서는 10대 국회의원선거가 치러졌다. 야당인 신민당이 공화당을 근소한 차로 이기는 사태가 벌어졌다. 비록 1.1퍼센트의 차이였지만 거의 정변에 가까운 사건이었다. 많은 사람들이 숨죽여 축배를 들었다. 의기와 찬교도 친구들과 함께 학교 앞 간판 없는 술집에서 꽤 많은 술을 마셨다.

유신독재의 뿌리가 흔들리고 있었다. 국내외의 상황에 겁먹은 독재자가 또 어떤 광기의 칼을 빼들지 모를 일이었다. 꿈과 현실의 경계를 넘나들던 의기는 잠들기를 포기하고 눈을 떠버렸다.

그리고 2백만 명의 시위대가 어느 정도의 규모인지 가늠해보려고 온갖 그림을 천장에 그렸다.

중국의 새로운 지도자 등소평(덩샤오핑)이 개혁개방정책을 공식화했다. 인민을 가난에서 벗어나게 하려 한다. 흰 고양이든 검은 고양이든 쥐만 잘 잡으면 된다니 자본주의의 시장경제라도 시현하겠다는 건지. 공산당 일당독재하의 자본주의 시장이라…. 공부가 더 필요한가. 의기는 아직 이해를 하지 못하고 있었다.

자신을 늘 배려하고 걱정해주는 부모 형제가 있는 집. 작고 허름한 방이지만 아랫목이 있는 자신의 거처에서도 의기는 단잠을 이룰 수가 없었다.

79. 2. 9. 금. 달 밝다.

약해지는 것에 대한 경계를 늦추지 말자.

JESUS CHRIST 힘을 주소서.

몸은 바빠도 마음은 결코 바쁘지 말자.

농촌. 농민. 혁명.

근대사

사회사상사

경제사

학생운동

의기(宜基)

끝끝내 배우면서 일하는 태도를 고집하자.

힘을 주소서. 힘을 주소서.

내 능력은 어느 정도인가. 나는 어느 만큼의 일을 해낼 수 있나.

인간화.

인간. 사람다움이라는 게 뭔가. 사람스러운 게 어떤 건가.

술 왕창, 이빠이, 해롱해롱.

희영, 미안.

잘 자라, 내 사랑하는 이야. 고운 꿈꾸면서.

79. 2. 15. 목.

4방 8면의 모든 것이 나를 쥔다.

답답. 숨통 트일 곳은?

이용가치. 기반.

학교, 교외(校外), 교회.

진정한 힘은 어디에서 나오는가.

인간화를 외치는 곳 자체에서 비인간화가 이미 시작되고 있다.

이런 방법으로써도 진정한 인간혁명이 가능한가.

의식화. 인간화.

한 인간을 인격체로서 인정하지 않고 객체로서나 조작 가능한 것으로 보고 대상화하는 데에서도 인간화가 가능한가.

이용가치가 있는 한에 있어서만 그가 필요하다고 할 때, 이용가치가 없어지고 나면?

도태. 소외. 밀려남.

인간과 진리를 위한 싸움.

비빌 언덕, 발붙일 땅아 있어라. 그 또한 내가 만들지 않으면 아무 데도 없을 것 아닌가.

내 목구멍.

사회과학이 밥 먹여주지 않는다.

아가리로 떠드는 이상이며 운동이 밥 먹여주지 않는다.

내 밥 내가 찾아 먹지 않으면 아무도 나 밥 먹여주지 않는다.

친구들의 편지를 한 장씩 불 속에 넣는다. 원래는 몇 장 안 되리라 예상했는데 막상 모두 찾아놓고 보니 생각보다 많은 양이었다. 시간이 좀 걸리겠다 싶었지만 확실한 처리를 위해 한 장씩 태우기 시작했다. 모닥불을 피운 것도 아니고 종이 한 장씩을 연이어 태우는 것이니 마당의 불빛이나 연기가 담 밖을 넘지는 않는다.

크리스찬아카데미의 실무진인 간사들이 구속되었다. 그들에게
도 용공혐의가 적용될 것은 불을 보듯 빤한 것이었다. 유신정권
은 털이 극도로 곤두선 고양이가 되어 있었다. 이제는 모든 분야
에 걸쳐서 극한의 난도질을 할 것이 분명했다.

기독교운동과 농민운동에 대한 자문을 많이 구했던 두 분의
선생도 구속되었다. 불은 이제 자신의 쪽으로도 붙기 시작했다.
그분들이 얼마나 차단해줄 수 있을지 모르나 자신이 해야 할 일
은 명확했다. 자신도 불길에 휩싸일 때를 대비해 보호해야 할 사
람들의 흔적을 없애는 일이었다.

편지가 한 장씩 사라지는 동안 그들과 주고받았던 고뇌와 고
통도 함께 연기 속으로 빨려 들어갔다. 그 안에 담긴, 함께 꿈꿨
던 새로운 세상을 향한 희망만큼은 불덩이 속에서 꺼내 자신의
가슴속에 차곡차곡 묻는다.

희영의 편지까지도 태우는 것은 정말 가슴 아픈 일이었다. 다
른 친구들처럼 자유롭고 정의롭고 따뜻한 새 세상을 그리기는
마찬가지였지만 그녀의 편지 속에 혁명이니 민중이니 하는 단어
는 없었다. 그래도 그녀를 보호하려면 자신과의 흔적을 남겨서
는 안 되었다.

"이건 뭐지?"

의기는 딱지처럼 접힌 종이 한 장을 펼쳤다. 워낙 갈겨쓴 글씨

를 읽기 어려워 타는 불꽃 쪽으로 종이를 돌려 그 빛에 의지해 읽었다.

'몸을 혹사시키는 일보다 농민들과 가슴을 트는 일이 훨씬 어려움-기택. 여름 농활보다 더 효과적이라는 나와 다시는 오고 싶지 않다는 그. 문제의 근본은? 몸과 마음이 따로 놀 때의 두려움? 내가 간과하고 있는 것은? 농활은 농민만을 위한 것일까? 활동가가 두려워한다면?'

1월 초에 일주일간 다녀왔던 동계 농활의 단상을 짧게 적은 메모지였다. 메모치고는 제법 양이 많아서 공책 한 장을 가득 채웠는데 그 안엔 모든 참가자들의 이름이 들어 있었다. 읽는 동안 불이 꺼져버렸으므로 의기는 다시 성냥을 그어 메모지를 태웠다.

의기가 집어든 마지막 종이 위에는 깨알같이 적힌 노래 가사가 있었다. 의기는 그 노래들 중 맨 처음 것을 희미한 불에 의지해 읽었다. 서방님의 손가락은 여섯 개래요. 시퍼런 절단기에 싹둑 잘려서 한 개에 오만 원씩 이십만 원에 술 퍼먹고 돌아오니 빈털터리래.

2월에 제일교회에서 공연했던 노래극 〈공장의 불빛〉에 나왔던 노래 중 일부였다. 고통스러운 현실을 극복하려 노조를 결성했던 여성 노동자들의 분투기였는데 끝날 때까지 웃음과 흐느낌이 멈추지 않았던 공연이었다. 관객석에 앉아 있던 실제 주인공

들인 동일방직 해고자들뿐 아니라 자신을 포함한 모든 관객들이 공연이 끝날 때까지 눈물을 훔쳐야만 했다.

"여어, 우리를 모셔가려고 마중들 나오셨네!"

공연 후에 교회를 나온 의기가 옆에 있는 찬교에게 한 말이었다. 그렇게 그날의 관람객들은 한 명도 빠짐없이 전경들의 '호위'를 받으며 닭장차에 올라탔다. 모두 '흔들리지 않게'를 부르면서. 그날의 '승객들' 중에는 제일교회 청년부원이자 청계피복 노동자들과 함께 야학을 꾸려가고 있던 의기의 동기 순실도 있었다.

마지막 종이가 타는 동안 의기의 눈에 작은 이슬이 맺혔다.

"이제야 네가 뭘 하는지 알겠구나."

정적을 열고 다가온 목소리였다. 언제부터인지는 모르지만 등 뒤에 어머니가 서 계셨다. 불꽃을 바라보는 어머니의 눈 속엔 노여움도 초조함도 없었다. 모자 사이에 침묵이 흘렀다. 그 침묵을 깬 것은 어머니였다. 당신의 목소리엔 평소와 다르게 떨림이 있었다.

"우리 희영이도 걱정해야 하니?"

"아뇨, 엄마, 절대로!"

세차게 고개를 내젓는 막내를 바라본 어머니는 작은 숨을 내쉬고 다시 숙소로 향했다. 뒷짐 지고 걷는 아주 왜소한 여인에게 어둠은 고개 숙여 길을 내주고 있었다.

고등학교 시절 친구들로부터 온 편지들을 제외하곤 모든 것을 태웠다. 그 시절의 치기 어린 편지들이니 문제될 일은 없을 터였다. 이제 그의 옆엔 공책 하나만이 남아 있었다. 그의 일기장이었다. 수백 번 번뇌하면서 자신과 싸웠던 흔적들. 반성과 결의들. 그 안엔 여러 이름과 단체와 조직의 약자들이 들어 있었다.

그리고 뒤로 갈수록 빼곡해지는, 희영을 향한 연서들이 들어 있었다. 공책을 들었다 놓았다 하기를 몇 차례. 그 새벽 결국 의기는 공책을 다시 갖고 들어가 마지막 일기를 썼다.

79. 4. 21. 토.
편지 : 희영한테. 또 너에게 편지.

술 한잔했다.
엄마가 오늘에서야 내가 뭐 하고 있는지 알았나보다. 친구한테서 온 편지 태우고 있는 거 보고선, "이제야 네가 뭐 하는지 알았다"라고 하시던 말씀…

농촌모임 오늘 새로 시작했다. J 형이 해나갈 거고. 잘 될 거야.

네 사진 보면서 이 편지 쓰고 있다.
너무 예쁘다. 꼭 껴안아주고 싶을 만치.

혁명. 세상. 불의.

그리고 사랑. 하나님.

하나님, 당신께선 나에게 무엇을 원하시나요?

희영아,

난 이길 거다. 결코 이길 거다. 절대로 지지 않을 거야.

희영아, 내 사랑하는 이야.

슬픔. 슬픈 혁명.

희영아. 희영아.

며칠 뒤 만난 희영에게 의기는 갈색 공책 한 권을 내밀었다.

"모든 것을 버리고 태웠는데 이것만은 못 버리겠어. 맡아줘."

희영에게 보낸 편지를 마지막으로 담은 일기장이었다. 이내 품에서 사진 한 장을 꺼냈다. 의기가 늘 간직하고 다녔던 사진이었다. 빨간 바탕에 검정색 체크무늬가 가지런한 남방 차림의 희영은 바지 주머니에 두 손을 넣은 채로 먼 곳을 응시하고 있었다. 해맑은 그녀의 얼굴과 자태를 각인이라도 하듯 의기는 한동안 사진을 뚫어지게 응시했다.

"이것까지도 못 가지고 다니게 되었어."

사진을 건넬 때 의기는 손등으로 눈물을 훔쳤다. 자신의 사진을 받아드는 희영도 눈물을 떨구었다.

다행히 의기에겐 큰 변화가 생기지 않았다. 우려했던 불덩이가
그를 덮치진 않았다. 더욱더 조심을 하는 와중에도 의기는 자신
의 활동을 묵묵히 이어가고 있었다. 각종 모임에도 차질 없이 참
여하고 있었지만 모임 참가 전에 미행을 따돌리는 데 전보다 더
욱 세심한 신경을 썼다. 학교의 수업도 아예 등한시하지는 않
았다.

서강대의 FA제도를 오히려 영리하게 이용했다. 학점별로 일정
수의 결석이면 FA 경고가 교내 게시판들에 걸렸다. 3학점짜리
과목 수업을 다섯 번, 2학점짜리 수업을 세 번 빠지면 자신의 이
름이 게시되고 거기서 두 번을 더 결석하면 학점을 미리 주는 것
이었다.

물론 그 학점은 F이므로 더 이상 수업을 들어갈 필요도 없어
진다. 결석을 하더라도 의기는 절대 F공고를 받지 않았다. 그래
서 아무리 정신이 없는 와중에도 FA 경고판에서 자신의 이름을
확인하는 것을 잊지 않았다. 일단 경고가 뜨면 수업을 빼먹을 수
있는 횟수는 한 번밖에 없으므로.

6월 들어서는 교내 연합농활도 지도하기 시작했다. 매주 치러
야 하는 준비 모임의 주제를 정하고 진행을 관리하는 것은 그만
이 할 수 있는 역할이었다. 특히 농활 시 지켜야 할 자세에 관해

서는 매우 엄격하게 지도했다. 감리교청년회 전국연합회(감청연)의 여름선교교육대회의 홍보위원으로도 활동했다. 이미 3월부터 감청연의 농촌선교위원회 위원장을 맡기 시작한 그였다.

농활을 준비하는 6월은 의기에게 가장 바쁜 시기일 수밖에 없었다. 의기는 다른 대학의 농활 준비 과정에도 도움을 주어야만 했다. 농활에 관한 한 그는 독보적인 전문가로 인식되어 있었다. 서울대와 이화여대에도 수차례 다녀왔다.

"이대 다녀와서 좋았겠다."

"내가 좋았나? 개들이 좋았지. 중간에 시골말이나 욕도 섞어가며 강의를 해줬더니 아주 좋아하던데."

"난리블루스를 쳤구먼!"

이대 다녀온 감상을 풀어내자 잔디밭에 모여 앉은 여 동기들이 그 넉살에 박수를 치며 웃어댔다. 의기와 76학번 동기인 영란, 순실, 국선이었다. 모두 황토회를 지키고 있는 친구들이었다. 그리고 그 자리엔 희영도 있었다.

주머니가 가벼웠던 두 연인은 주로 서강대와 중앙대를 번갈아가며 데이트를 즐겼는데 서강대에 오면 늘 세 친구들도 함께 어울렸다. 이날은 희영이 오전에 서강대도서관에서 간호사자격증 시험을 준비하고 나왔었다.

네 친구들은 격의 없게 잘도 어울렸다. 희영은 친구들의 솔직하고 정의로운 면을 좋아했다. 친구들 또한 희영의 말수는 적으나 소탈하고 올곧은 면을 좋아했다. 특히 세 친구들은 까불이 막내인 의기를 맏며느리감인 희영이 구원해줬다고 놀렸다.

"의기한테 우리가 몰랐던 남성성이 있는 모양이지?"

"그러게 말이야. 쟤가 어떻게 남자로 보일 수가 있니?"

"하여튼 이제 희영이가 있어서 의기 걱정은 안 해도 되겠다. 올케 하난 잘 됐다 해야 하나?"

잔디밭에서 수다 삼매경에 빠졌던 그들은 자리를 털고 일어나 잉어집으로 향했다. 늦은 점심 겸 가벼운 낮술을 하기 위함이었다. 어차피 시험도 끝났으니 방학이었다. 희영이 신촌으로 오는 날이면 자주 그렇게 어울려 다녔다.

신촌로터리 쪽으로 걷는 일행의 뒤로 의기의 담당형사가 거리를 두고 따라왔다. 잉어집에 일행을 먼저 들여보낸 의기가 뒤따라오는 형사에게 손짓으로 들어가겠냐는 표시를 했다.

"난 퇴근하네."

형사는 씩 웃으며 손을 내젓고는 그대로 지나쳐 가버렸다. 그에게는 의기에게 당했던 황당한 경험이 있었다. 종로까지 따라간 어느 선술집에서 술값을 뒤집어썼던 것이다.

의기로서는 희영과의 오붓한 데이트 자리까지 쫓아오는 그에게 굉장히 골이 나 있던 상태였다. 그 얄미움에 복수라도 해야겠다는 생각에 그날따라 안주를 넉넉하게 시켰다. 어차피 술은 자기 혼자만 먹으니 안주도 남을 터였지만 개의치 않았다.

의기(宜基)

평소와 다름에 의아해하는 희영에게 그는 맘껏 먹으라고 하며 한쪽 눈을 찡긋거렸다. 다 먹고 나올 때 의기는 주인에게 다가가 계산하는 대신 술집 구석에서 혼자 술을 홀짝이고 있던 형사를 가리켰다. 그러곤 그에게 다가와 말했다.

"술값 계산하고 나오세요. 밖에서 기다려줄 테니."

둘은 실제로 밖에서 기다렸다. 똥 씹은 표정으로 술집을 나온 형사는 의기를 잡아먹을 듯이 노려보았으나 의기는 그가 자신의 앞을 지나칠 때까지 얼음장처럼 차가운 시선을 던졌을 뿐이었다. 그 이후 형사는 의기를 대할 때 선을 넘지 않으려 애썼다. 녹녹지 않은 상대임을 깨달은 것이다.

7월은 농활로 눈코 뜰 새 없던 달이었다. 관여하고 지도한 농활이 많았기 때문이었다. 서강대 하계 연합농활도 끝나기 이틀 전에나 합류할 수 있었다. 충북 진천의 계산리에서의 열흘간의 농활은 실제적으로 찬교가 대장 역할을 했다. 거의 모든 대학의 농활대원들이 가명을 사용했었고 서강대의 경우도 마찬가지였지만 찬교는 자신의 본명을 그대로 사용했다.

농활의 마지막 일정을 함께 끝낸 의기는 다음 날 화양리 민박집에서의 평가회까지 함께한 후 곧이어 다른 농활대에 합류해야만 했다. 그렇게 각 도를 돌면서 농활대에서 농활대로 이어지는 강행군에 뼈가 녹을 지경이었지만 이동하는 버스나 기차 안에서도 펜을 놓을 수가 없었다. 각 농활의 성과와 개선해야 할 점을 수첩에 꼼꼼히 적어두기 위해서였다. 그 점에 있어서 의기는 게을러본 적이 없었다. 심지어는 잠을 자다가도 벌떡 일어나 잠꼬대로 평가회를 진행할 정도였다. 서독의 프랑크푸르트 팀으로 이적한 차범근에 대한 기사로 전국의 신문들이 도배될 때도 의기는 그 사실을 전혀 몰랐다.

8월엔 또 다른 일이 의기를 기다리고 있었다. 한국근대사연구 모임을 이끌게 되었는데 그것은 4학년들의 지하공부모임이었다. 그 역할을 요청받았을 때 의기는 당장이라도 물리치고 싶을 만큼 압박감과 부담을 느꼈다. 그 모임에서 의기가 강조한 것은 학교에서 가졌던 운동성을 사회 어떤 분야로 나가든 치열하게 지속해야 한다는 것이었다. 그 점에 동의가 안 된다면 바로 손을 뗄 요량이었다.

첫 모임을 갈무리하면서 의기는 자신의 솔직한 속내를 피력했다. 그 모임의 의미를 학내운동의 연장, 혹은 완결로 이해하고 있던 일부 친구들에 대한 답답함 때문이었다.

"근대사를 공부하는 게 너무나 중요하긴 하지. 하지만 그것만으로 우리의 현대사를 바꿀 수 없는 건 자명하잖아. 근대사는 근대사일 뿐 아닐까? 우리가 사회에 나가서 어떤 이유에서든 운동성을 상실한다면 우리의 후배들은 영원히 근대사만 공부하다 말겠지. 부패한 권력과 그 부역자들이 소설처럼 찍어내는 현대사밖에 남지 않을 테니까. 지금처럼 대학의 운동 역량이 용광로처럼 끓어오를 때, 그리고 독재의 기반이 요즘처럼 흔들릴 때 우리가 졸업 후에도 든든한 지원군이 되려면 치열한 민중운동가로 직행해야만 해. 근대사 공부에 매달리지 말자. 많이 했잖아! 대신 우리 시간의 많은 부분을 우리의 미래 계획을 나누는 데 투자하자."

가발을 만들어 수출하던 YH무역의 여성 노동자들이 신민당사를 점거하고 농성에 들어갔다. 사태의 근원은 역시 사 년 전에 세워진 노동조합으로 거슬러 올라간다. 사측의 일방적인 폐업 통보에 기숙사에서 농성하던 여성 노동자들의 마지막 선택이 야당의 당사였다. 유신정권의 대척점에 있던 신민당 총재는 그들을 받아들이고 지켜주겠다고 한다. 신민당 의원들이 주변 순찰을 돌며 지킨다. 형사가 보이면 멱살을 잡고 따귀까지 때린다.

이틀 뒤 새벽 172명의 여공들을 진압하기 위해 2천 명의 전경 기동대가 당사를 쳐들어갔다. 눈앞에 걸리적거리는 건 국회의원이든 그 조상이든 가리지 않고 곤봉질을 해댔다. 이십 분 만에 모든 여공들이 들려나왔다. 그 와중에 김경숙이라는 이름의 스물한 살짜리 노동자가 추락사했다. 지난 선거에서 승리했던 신민당 전체가 전쟁을 선포한다.

9월의 마지막 날, 이화여대에서 반유신집회가 열렸다. 3천 명이나 되는 규모였다. 각 대학마다 분화구가 될 조짐이다. 며칠 뒤

정부는 '남조선민족해방전선' 관련자 스무 명을 검거하고 54명을 수배중이라고 밝혔다. 대규모 용공조직사건을 만들어 전국에 뿌렸다.

같은 날 미국이 아시아태평양 방위선에서 한국을 제외한다는 발표가 나왔다. 그런데 그 내용을 발표한 사람은 주일미국대사였다. 6·25 직전처럼 전쟁 발발 시 미국이 한국을 포기한다는 그 메시지는 박정희 정권에 대한 미국의 강력한 경고처럼 보이기도 한다.

며칠 뒤 국방장관이 기자들에게 북한의 군사력 규모가 15만 명 이상 증가했다고 발표했다. 하나부터 열까지 틀에 박힌 각본이다. 저녁에는 동부전선에서 무장간첩 한 명을 사살하고 잔당 두 명을 추적중이라는 기사가 모든 석간신문의 1면에서 춤을 춘다.

부산대학교에 〈민주선언문〉이 살포되었다. 다음 날 부산대생 5천여 명이 유신철폐, 독재타도 등을 요구하며 시위를 벌였다. 또 그다음 날엔 부산의 학생들과 시민들이 유신철폐를 외치며 거리로 몰려나왔다. 파출소 등 몇 개의 건물이 파괴되었다. 다음 날 0시를 기해 부산 일대에 계엄령이 선포되었다.

저항이 경남을 비롯해 전국적으로 퍼지기 시작했다. 유신정권은 기다렸다는 듯 경남과 마산, 창원에 위수령을 선포했다. 그들은 계엄령을 전국적으로 확대할 빌미가 만들어지기만을 기다리는 것 같았다. 부산과 마산 일대에선 탱크와 무장한 군인이 시내를 활보한다.

이대 앞 좁은 골목길에 있는 해물잡탕집에 서강대생 몇이 모였다. 왁자지껄한 분위기 속에서 그들은 낮은 목소리로 거사의 계획을 세우고 있었다. 결행일은 10월 28일이었다. 선언문은 준비되어 있었고 대규모 시위를 이끌 당일의 대표 선동자를 정하는 일만 남았다. 그들 모두를 지도하고 있는 선배는 각각의 입장을 최종 확인했다.

의기는 학내운동을 한 학기 더 이끌기 위해 미리 1학점을 미수한 상태였다. 국선은 12월부터 공장에 취직하여 공활을 하기로 되어 있어서 역시 제외되었다. 미리 준비를 하고 있던 친구가 당일의 역할로 확정된 후 일행은 서둘러 가게를 나섰다.

외국어대에서 〈진리와 자유를 위한 선언서〉가 살포되었다. 다음 날 대구 계명대생들이 유신철폐를 요구하며 시위를 벌였다. 다음 날 삽교천 방조제가 준공되었다. 같은 날 주한미대사가 현 시국을 타개하기 위해 김영삼 신민당총재와 긴한 대담을 가졌다.

몇 시간 뒤 집집마다 저녁 설거지를 할 시간에 서울 종로구 궁정동의 안가에서 총성이 울렸다. 십팔 년 동안의 오랜 독재자이자 만주에서 독립군 토벌하던 다카키 마사오 박정희의 명이 끊어지는 순간이었다. 흔들리던 유신독재의 뿌리가 뽑힌 순간이었다. 서강대뿐 아니라 전국의 모든 저항의 시계가 일시 정지하는 순간이기도 했다.

제주도를 제외한 전국에 계엄령이 선포되었고 모든 대학엔 휴교령이 내려졌다. 다시 학생은 학교 밖으로 추방되었다. 누구도 예측 못 할 심연의 시작이었다.

의기(宜基)

광주

서울을 출발한 지 어느덧 일곱 시간이 다 되어가고 있었다. 서울에서 터미널을 피해 출발하고, 광주에서 터미널을 피해 도착하는 여정이다. 자신을 싣고 가는 버스는 대략 이십 분 후면 광주 시내에 들어설 것이다. 의기는 흔들리는 버스 안에서 읽고 있던 수첩을 덮고 창밖을 바라보았다. 버스에 오른 지 오 분도 안 돼 까무룩 잠이 들었다. 십여 분간의 깊은 잠에서 깨자마자 먼저 한 일은 수첩을 꺼내 지난 두 달간의 기록들을 다시 보는 것이었다. 건조해진 눈이 시큰거린다.

3월과 4월. 지난 두 달 동안 의기는 전남 지역의 농촌들을 방문하고 다녔다. 그간의 농촌활동의 내용들을 정리하고 앞으로의 방향을 모색할 자료집을 만들기 위해서였다. 학내에서 자신에게 남은 시간이 한 학기밖에 없으므로 그 안에 끝내려고 하기 때문이다.

지역이 다르면 주 작물도 다르고 농촌의 문화도 다른 법이다.

해서 그동안 부족했던 전남 지역의 정보를 더 자세하게 알아보기 위해 함평 외에도 무안, 강진, 해남에 이르기까지 부지런히도 찾아다녔다. 가톨릭농민회와 기독교농민회 사람들을 만나고 그들의 소개로 지역의 농민들도 두루 만나서 많은 이야기를 듣고 배웠다. 서울과 전남의 지역들을 수시로 오가는 숨 막힌 일정이었다.

서울에 있을 때는 학교와 교단 쪽 일이 자신을 기다리고 있었다. 하지만 두 가지 일 모두 전념할 수는 없었다. 낮에는 현장을 답사하고 나눈 대화들을 정리하는 일에 몰두하였고 어두워지면 철야농성 중인 학생회관을 찾거나 새로 구성된 총학생회 간부들을 만나 향후의 계획들을 의논했다.

하지만 우선순위는 농활자료집이었다. 학교나 기독교단 쪽의 역할은 다른 사람에게 맡길 수 있지만 자료집만큼은 대신할 사람이 없었다.

아직은 정문으로 학교를 드나들 수 있었지만 언제 학교가 무장한 군인들에게 장악될지 알 수 없었다. 체포든 수배든 목전에 와 있는 미래였다. 전두환을 비롯한 신군부세력은 박정희 군부만큼 무자비하고 잔인할 것이라는 게 이미 드러나 있었다.

10·26 직후의 휴교령이 해제된 11월 중순부터 학원민주화운동은 빠르게 걸음을 내딛었다. 하순에 학보사에서 과대표회의가 열렸을 때 과대표도 아닌 의기가 무역학과를 대표해 참석했다.

의기(宜基)

12월 3일 학생회관 3층의 대강의실에서 학원민주화에 대한 공청회가 열렸을 때 의기는 단상으로 나가 학생활동의 자유와 학내의 언론자유가 보장되기 위해서는 총학생회의 부활만이 답이며, 그것을 위해 학도호국단은 즉각 폐지되어야 한다는 것을 역설했다. 카랑카랑한 그의 연설은 강당 안에 모인 모두의 가슴을 뜨겁게 만들었다.

그런 와중에도 동계 농활을 계획하고 있는 민속반 후배들을 지도했다. 해가 바뀌었을 때 그가 이끌던 4학년 모임이 해체되었다. 졸업 후 각자가 진출할 현장에서 운동을 지속한다는 결의와 함께.

2월에도 공청회는 계속되었다. 4월에 들어서는 1학년들의 문무대 입소 병영집체훈련 거부를 위한 철야농성이 학생회관에서 연일 지속되었고, 3월에 결성된 총학생회의 간부들이 학원과 국가의 민주화의 기치를 내걸면서 농성장을 함께 지켰다. 감옥에서 석방된 복학생들을 맞이하는 환영식도 역시 학생회관에서 열렸다. 옛 동료들을 맞이하는 그 행사에 의기는 처음부터 끝까지 자리를 지켰다.

5월부터는 각 대학에서 교문을 뚫고 거리로 나가는 시위를 시작했다. 13일 정문을 사이에 두고 학생과 경찰이 대립하고 있을 때 의기는 정문 안쪽 경비실 지붕으로 올라가 구호를 외쳤다. 계획된 것은 아니었다. 절체절명의 시국은 그로 하여금 표범처럼 지붕을 타고 오르게 했다.

유신잔당 몰아내자. 노동삼권 보장하라. 농민생계 보장하라. 언론자유 보장하라. 전두환을 처단하자. 연설을 끝낸 그의 선창에 화답하는 외침이 끝남과 동시에 대 군중인 학생들은 정문을 뚫었다. 그 이후 학생들은 매일 정문을 넘나들었다.

그리고 닷새 뒤인 18일, 이른 점심을 먹고 난 의기는 다음 날 광주 북동성당에서 열릴 예정인 '함평고구마 농민투쟁승리기념식'에 참석하기 위해 일찌감치 길을 떠났다. 각 지역에서 오는 농민과 활동가들을 만나 여러 이야기들을 미리 나누기 위함이었다.

하지만 의기의 마음속에는 사흘 전 서울역 앞에 이미 10만에 가까운 학생들이 모였음에도 회군 결정을 내렸던 학생운동 지도부의 결정이 극도로 불길한 전조가 되어 남아 있었다. 전국 모든 계층의 민주화 요구가 들불처럼 일어나고 있는 마당에 핵심적인 학생운동이 찬물을 끼얹었다니.

광주 시내에 들어선 지 얼마 되지 않아 이미 큰일이 벌어지고 있음을 의기는 알 수 있었다. 어둠이 내려앉은 뒤였지만 하차하기 전 정류장인 광주역 앞은 대규모 시위의 흔적이 역력했다. 차창 밖으로 군데군데 피의 흔적들도 있었다. 광주 지역의 통행금지가 9시로 앞당겨졌다는 것을 안 것은 버스에서 내린 후였다.

의기(宜基)

의기는 서둘러 근처의 여인숙을 찾았다. 불심검문이 비켜가기를 희망하면서. 서울을 떠나기 전 선배로부터 여비를 빌린 것이 다행이다 싶었다.

18일 0시를 기해 계엄사는 포고령 10호를 발표했다. 의기가 서울과 광주의 터미널을 피한 이유였다. 모든 정치행위가 금지되었고 모든 대학엔 휴교령이 내려졌다. 17일 이대에서 열린 전국 총학회장단회의를 급습해 55개 대학의 지도부를 모두 연행했다.

치밀하게 짜인 대본이었다. 모든 권력은 이미 신군부의 손아귀에 들어가 있었다. 전두환은 이미 중앙정보부장과 보안사령관 자리를 꿰차고 있었고 계엄사령관은 신군부의 꼭두각시에 불과했다.

19일 아침. 기념식에 참여하기 위해 광주로 모인 사람들은 일단 북동성당에 모였다. 성당에 모인 칠십여 명의 사람들 중에는 이전부터 의기와 친분이 있었던 해남의 농민운동가 윤기현 선생도 있었다. 의기는 윤 선생을 한눈에 알아보았다.

직접 해남의 집으로 찾아가기도 했고, 선생이 서울에 왔을 때는 서대문에 있는 기독교선교회관에서 긴 밤을 새워가며 이야기를 나눈 적도 있었다. 독실한 기독교 신자로서 삶은 어때야 하는지, 농민운동은 어떻게 임해야 하는지. 고민이 누구보다 깊은 분이었다.

기념식은 취소되었다. 당연한 결정이었다. 주최 측은 예정된 시간에 모인 참가자들에게 행사의 취소 사유를 알렸다. 하지만 거의 모든 참가자들이 즉시 돌아가지는 않았다. 광주에서의 1박을 더 예정하고 온 사람들도 있었다. 의기도 이 상황을 놔두고 그냥 서울로 돌아갈 수는 없었다.

"학생들과 시민들이 금남로로 모여들고 있답니다!"

기념식이 공식적으로 취소된 후 성당 마당에서 두런두런 이야기들을 나누고 있을 때 누군가 빠른 걸음으로 마당 안에 들어서며 외쳤다. 의기와 윤 선생, 그리고 성당에 있던 사람들 중 다수가 금남로 쪽으로 내려갔다.

일행이 도착했을 때 이미 학생과 시민들로 거대해진 군중은 공수부대원들과 대치해 격렬한 투석전을 벌이고 있었다. 인도를 덮고 있던 보도블록이 빠른 속도로 사라졌다. 최루탄과 곤봉으로 무장한 계엄군이 시위대와의 공방에 밀려 퇴각하자 금남로 일대는 시위대가 점령했지만 그 상태는 그리 오래가지는 못했다.

조선대로 일시 퇴각했던 계엄군이 오후 2시경 더 커진 규모로 다시 진압에 나섰다. 규모만 커진 것이 아니었다. 진압의 방식도 더욱 잔인했다. 장갑차를 앞세웠고 곤봉을 든 채 좌우와 후방에서 따라오는 군인들은 하나같이 대검이 꽂힌 총을 등에 메고 있었다. 무자비하게 돌진하는 계엄군에 밀려 시위대는 계림동 일대로 밀렸다.

의기(宜基)

하지만 밀리면서도 시위대의 규모는 몇 배로 커져서 계림동과 서방사거리 일대를 다 덮고 있었다. 그리고 사방에서 밀고 밀리는, 공방전이 전개되었다. 시위대를 향해 밀고 들어올 때 계엄군의 곤봉은 정확히 시위대 개인들의 머리를 겨냥하고 있었다. 서울에서 마주쳤던 전경대나 경찰들에게서는 볼 수 없는 잔인함이었다. 팔 닿는 거리에 들어오면 남녀를 가리지도 노소를 가리지도 않았다.

수많은 학생과 시민들이 거리에 나뒹굴었다. 그중엔 교복이나 교련복 차림의 고등학생들도 있었다. 부상자가 속출하고 길 위엔 곳곳에 피가 뿌려졌다. 그리고 돌을 던지면서 달려드는 시위대에게 밀리기 전까지 군인들은 피를 흘리며 쓰러져 있는 사람들에게 무수한 군홧발 세례를 퍼부었다. 과시하듯 주변을 둘러보는 그들의 눈 속엔 인간이 없었다.

간밤에 무슨 짓을 했는지는 몰라도 흰자위는 멀리서 보아도 핏발로 덮여 있다. 의기는 온몸의 털이 곤두서는 것을 느꼈다. 여태껏 경험해보지 못한, 전혀 다른 차원의 거대한 재앙이 굶주린 쥐 떼들을 앞세워 언덕을 넘어오는 느낌이었다.

"어이, 의기!"

신경이 날카로워진 채로 눈앞의 광경을 노려보고 있던 의기의 어깨를 윤 선생이 툭 하고 쳤다.

"자네는 오늘 중으로 올라가. 가능한 한 빨리. 그리고 절대 잡히지 말고."

"예?"

"저놈들 총에 대검 꽂혀 있는 걸 보니 시위 진압하러 온 게 아니야. 아예 내전을 일으키겠다는 거야. 시위가 더 격해질 때 분명히 실탄을 발사할 거야. 그 실탄 이미 다 광주에 내려와 있을걸. 아마 여긴 지옥문이 열릴 걸세."

"설마 저들이 그렇게까지…."

"하고도 남지! 설령 이 와중에 나와 찢어져도 절대 혼자 다니지는 말아. 그리고 잡혀선 안 되는 이유가 또 하나 있어. 서울에서 온 자네는 침투한 외부세력으로 몰아가기에 딱 좋은 먹잇감이기 때문이야. 그건 자네뿐 아리라 이쪽에도 안 좋아. 여기서 싸우는 대신 서울에 가서 이 실상을 알리게."

윤 선생은 의기에게 그저 권하는 것이 아니었다. 단지 젊은 후배의 안위를 걱정한다고 보기엔 그의 눈빛이 너무 단호했다. 의기는 긍정도 부정도 아닌 고갯짓으로 대답하고는 다시 시위대와 계엄군이 대치한 전선으로 눈길을 던졌다.

그것이 윤 선생과의 마지막 대화였다. 밀고 밀리는 와중에 둘은 본의 아니게 헤어지게 된 것이다. 시위 중엔 얼마든지 일어날 수 있는 상황이었다. 어느새 의기는 군중의 한복판으로 밀려와 있었다. 군중 속에서 들리는 소리에 의하면 계엄군은 주요 도로와 간선도로에 바리케이드를 쳐가며 시 전체를 포위하고 있다고 했다. 외부로부터 들어오는 지원세력을 차단하기 위해서였다.

혼자가 된 의기는 군중 속에서 움직이다 작은 골목 어귀 문 닫힌 작은 여관 입구의 계단에 숨을 고를 겸 주저앉았다. 그는 땀 범벅이 되어 있었다. 그때였다. 의기의 앞을 빠르게 지나가던 한 무리의 사람들 중 하나가 걸음을 멈춘 것은.

"어? 김 형!"

자신을 부르는 것 같아 담배를 입에서 뗀 의기가 고개를 들었을 때 그곳엔 낯설지 않은 얼굴이 있었다. 광주 지역에서 가톨릭 농민회 활동을 하던 사람인데 의기나 그나 서로의 이름은 모르고 있던 상태였다. 그저 김 형, 이 형 하는 사이로 행사장 등에서 두어 번 얼굴을 익혔을 뿐이었는데 아침에 성당에서는 보지 못했다. 그의 얼굴도 땀으로 흥건했다.

아는 얼굴에 의기는 화색을 띠었다. 대규모 군중 속에서의 우연한 만남에 그도 신기한 모양이었다. 동료들에게 손짓으로 먼저 가라는 신호를 보낸 그가 의기의 옆에 쪼그려 앉았다.

"북동성당에 오신 모양이네요. 그나저나 여기서 뭐 하요? 이러다 변이라도 당하면 어쩌려고?"

"이 형, 그게 사실은… 여러 선배가 제게 빨리 서울로 돌아가서 이곳의 실상을 알리라는데 이 상황에서 어떻게 떠납니까? 할 수 있는 데까지 함께해야지. 그리고 그래야 더 자세하게 알릴 수 있지 않겠어요? 해서 며칠만이라도 더 있으려고요."

말을 잠자코 듣고 난 그가 불현듯 의기의 손목을 붙잡고 골목 안으로 이끌었다.

"마침 잘 됐소!"

잰걸음으로 골목 안을 몇 구비 돌아 한참 들어간 그는 한 집의 문을 열고 들어갔다. 그를 따라 2층으로 오르면서도 의기는 도무지 영문을 알 수 없었다. 낡고 좁은 나무 계단이 유난히도 삐걱거렸다. 이윽고 작은 방 안에 들어선 그는 계단만큼이나 낡은 서랍장의 맨 아래 칸에서 뭔가를 꺼냈다.

"이거 받으시오."

그가 의기의 손바닥 위에 올려놓은 것은 작은 자동카메라였다.

"필름은 끼워져 있습니다. 서너 방 정도 찍었으니 한 스무 장은 남아 있을 것이오."

그제야 상대방의 의도를 간파한 의기는 순간 손에 땀이 솟는 전율을 느꼈다. 외지인인 자신에게도 무기가 하나 생긴 것이다.

"김 형, 절대 시위대 앞쪽에 서지 마시오. 가능하면 인도도 피하고 어디든 열려있는 건물을 찾아 올라가 저놈들 눈에 안 들키게 찍어야 됩니다. 절대 잡히면 안 되니께. 그리고 명심하시오. 너무 늦지 않게 떠날 것. 돌아가는 상황 봐서 알겠지만 여차직 늦어불면 김 형 여기서 죽은 목숨 되오. 이 카메라는 아무 데나 버려도 좋소. 필름만 잘 숨겨 가시길. 늦지 않게 빠져나가서 이 상황을 세상에 알려주시오. 꼭! 이게 김 형이 우리와 함께하는 길….”

그때 어디선가 하늘을 깨는 듯한 소리가 들려왔다. 둘은 동시에 말을 멈추고 서로의 얼굴을 마주 보았다.

“저건 총소린디. 계림동사무소 쪽인가?”

그는 다급하게 공책 한 장을 찢어 뭔가를 적고는 의기에게 내밀었다. 3번까지 순번을 매겨 적은 종이 위에는 광주를 빠져나가는 방법이 간략히 적혀 있었다. 마지막은 남쪽으로 더 내려가 광주를 벗어난 후 서울로 올라가는 방법이었다.

“좋은 세상 만들어서 다시 봅시다!”

말을 마치고 황급히 나가는 그를 따라 의기도 방을 나섰다. 하늘에선 부슬부슬 비가 내리고 있었다.

20일이 되자 광주의 젊은이란 젊은이는 모두 광장과 대로로 몰려나오는 것 같았다. 광주의 모든 고등학교에도 휴교조치가 내려졌다. 도청 앞과 금남로 일대는 격렬한 전쟁터가 되었다. 그리고 밤이 되자 현실에서 벌어져선 안 되는 사태가 벌어졌다. 윤선생이 말한 지옥문이 열린 것이다. 광주역 앞에서 시위대에게 몰린 계엄군이 시위대를 향해 집단발포를 감행했다. 그들의 탄창은 가득 차 있었고, 적당한 시기에 뒤의 누군가가 발포명령을 내린 것이다. 그리고 다음 날 그들은 조준사격을 시작했다. 시외전화가 차단되었다.

시민들도 화기로 무장을 시작했다. 시내의 경찰서뿐 아니라 아래 지역의 경찰서까지 습격해 총과 탄약을 탈취했다. 비록 계엄군의 M16에는 훨씬 못 미치는 카빈총이었지만 무장을 한 사람들은 모두 군대를 다녀온, 사격엔 주저함이 없는 예비역들이었다. 광주 시내의 버스와 택시들이 모두 군용물자가 되었다. 22일 오전의 총공세로 시민들은 계엄군을 몰아내고 시내를 장악할 수 있었다. 시민군은 자체적으로 경계와 치안유지를 하기 시작했다.

23일 오후 도청 앞 분수대를 중심으로 범시민 궐기대회가 열렸다. 시민, 학생, 노동자, 가정주부 등 누구라도 분수대 위로 올라가 계엄군의 만행을 성토하고 향후의 계획을 논하기도 했다. 또한 새로운 피해 상황에 대한 보고대회이기도 했다. 장례비용을 위한 모금도 진행되었다. 도청 앞 광장엔 매일 수십 개의 관이 안치되었다.

이날까지 의기는 쉼 없이 그들과 함께 움직였다. 물론 카메라에 남아 있는 필름을 다 소진했다. 자신이 찍는 장면의 잔혹함을 견디지 못해 카메라를 내려놓고 몇 번이나 오열했다. 그렇게 울다가도 셔터를 눌렀다. 그리고 다음 날 아침 일찍 의기는 공책에 적힌 세 번째의 길을 따라 멀고도 먼, 서울로 가는 길에 나섰다.

새벽엔
꽃잎이 열린다

주숙은 경리과 누구의 자리든 벨이 울릴 때마다 귀를 쫑긋 세 웠다. 그녀의 책상 위에는 각 과에서 올라온 영수증들이 놓여 있 었다. 영수증을 확인하고 장부에 옮기는 일이 더디기만 하다. 주 숙은 자신의 자리에 있는 전화벨이 울리기를 기다리는 건지 아 니면 자신의 전화벨만 울리지 않기를 바라는 건지 스스로도 판 단을 할 수 없었다.

이틀에 한 번꼴로 의기에게서 오던 전화가 나흘이 지났는데 도 오지 않고 있었다. 시국이 시국인지라 막내의 안위가 매일매 일 걱정이었다. 의기를 본 것은 17일 아침이 마지막이었다. TV 와 신문은 연일 광주의 소식으로 도배되어 있었다. 기사에 의하 면 광주는 폭도들의 도시가 되어 있었다. 계엄군을 몰아낼 정도 로 중무장을 하고 있는, 게다가 북한의 남파간첩들의 지도를 받 아 이미 공산주의자들이 되어 있는 폭도들의 도시였다.

물론 의기를 통한 학습효과가 있어 그런 기사들을 믿지는 않왔다. 지금 언론에 나오는 모든 기사는 계엄사의 지침이 반영된 것임을 주숙도 잘 알고 있었다. 중앙일보사도 입구부터 총을 든 군인들이 지키고 있었고, 사내엔 사복을 입은 정보요원들이 상주하고 있었다. 언론사 기자들이 '광주사태'에 대한 왜곡보도에 반발해 제작거부투쟁을 하고 있는 것도 알고 있었다. 그중엔 중앙일보 기자들도 포함되어 있었으므로. 하지만 기자들이 자기 일을 안 하고 있음에도 신문은 아무 문제 없이 기사들을 쏟아내고 있다.

의기가 없는 동안 무수히 많은 사람들이 붙잡혀 들어갔다. 어제는 김종필까지 연행되어 조사를 받는다고 했다. 김대중은 말할 것도 없었다. 경리과장과 승인받은 지출결의서를 들고 경리과에 들어오는 기자와의 대화를 본의 아니게 엿들은 바에 따르면 김대중이 이번엔 살아남지 못할 거라고 했다. 의기의 친구들도 모두 잡혔거나 아니면 도망 중이거나 할 터였다.

마장동 집에도 몇 번이나 형사들이 찾아왔다. 마포서, 성동서 마치 서로가 경쟁적으로 잡으려는 듯이 번갈아 찾아왔다. 주숙이 있는 중앙일보 경리과로도 전화를 걸어왔다. 아주 더러운 목소리. 듣기만 해도 구역질이 나올 것만 같은 목소리. 마음 같아서는 전화 교환실에 뛰어 내려가 그 목소리에서 나는 냄새를 맡아보게 하고 싶었다.

"주숙아, 전화 안 받아?"

옆자리 선배의 채근에 정신을 차려보니 자신의 전화기가 울고 있었다. 의기였다. 언제나 밝은 막내의 목소리였다. 주숙도 평소와 같은 목소리로 받았다.

"잘 지내고 있니?"

"나야 물론! 엄마도 잘 지내고 계시지, 누나?"

"그려. 연락 좀 자주 해. 요 며칠 사이에 네 친구들이 집에 몇 번이나 찾아왔어. 너를 보고 싶다고."

"거 자식들, 고새를 못 참나, 참. 좌우간 난 잘 지내고 있으니까 걱정하지 말고."

주숙은 전화기를 내려놓고 나서 아무렇지도 않은 듯 영수증들을 추렸다. 이제야 일이 손에 잡힐 것 같았다. 집을 찾아온 친구가 형사라는 건 의기도 잘 알고 있었다. 능청맞은 대화를 끝낸 주숙은 안도감에 가슴 한쪽을 쓸어내렸다.

"의기야, 나 교회 다니고 싶어."

"그래? 누나 그럼 내가 다니는 교회에 같이 나가지 뭐."

의기를 따라 형제교회의 예배에 처음 참석한 게 지난 11일이었다. 의기를 마지막으로 본 17일에도 교회에 들러 기도를 했다. 의기를 향한 불안감에 교회도 찾고 기도라는 것도 시작한 것이다.

한편 서울에 올라오긴 했으나 의기는 연락할 곳이 없었다. 사진과 대중에게 호소할 글은 준비가 되어 있으나 함께 거사를 도

모할 사람도 조직도 찾을 수가 없었기 때문이다. 그의 학교 내외의 동료들 중 이미 연행되지 않은 사람들은 모두 도피 중이었다.

후배들도 역시 도피 중이었다. 작년 11월에 석방되어 복학을 한 친구들도 마찬가지였다. 동기인 여자 친구들도 만날 수 없었다. 방법을 의논해볼 사람조차 없어 절망적인 순간에 떠오른 사람이 하나 있었다. 연극 연출하던 선배의 집을 무작정 찾아갔지만 모친으로부터 들은 대답은 뜻밖이면서도 절망적이었다.

"우리 애 며칠 됐는데 잡혀간 지."

"아, 그렇습니까? 형한테 메모 좀 남기고 갈 수 있을까요?"

아예 헛걸음을 할 수는 없었다. 모친으로부터 종이와 펜을 받은 의기는 선배의 방으로 들어갔다. 언제 전해질지 모르지만 지푸라기라도 잡는 심정이었다. 의기는 자신이 광주에서 목격했던 끔찍한 현장을 짧게 적었다. 숨을 제대로 쉬기 힘들 만큼의 고통속에서 어떻게든 진실을 알리고 싶어 한다는 심경을 적었다.

의기는 품에서 봉투를 꺼냈다. 그 안에는 광주에서 의기가 카메라로 찍었던 잔인한 장면의 사진들이 있었다. 그중엔 쓰러진 청년의 가슴에 대검을 꽂는 공수부대원의 모습도 있었다. 그리고 광주의 실상을 알리고 대중에게 봉기를 호소할 내용의 초안을 써놓은 한 장의 종이도 있었다. 초안은 다시 쓰면 될 것이었다.

선배의 책상 서랍을 열어보니 풀이 있었다. 의기는 편지를 봉

　　　　　　　　　　　　　　　　　　　　　　　의기(宜基)

투 안에 넣고 입구를 풀로 봉했다. 방에서 나왔을 때 선배의 모친은 불안한 기색으로 거실 안을 서성이고 있었다.

"어머니, 이걸 꼭 재철이 형만 볼 수 있도록 깊이 숨겨두세요. 절대 남의 손에 들어가면 안 됩니다."

재차 삼차 다짐을 받고서야 의기는 선배의 집을 나섰다. 부디 빨리 나와서 봉투를 열어보길 바랄 뿐이었다. 선배에게 큰 기대를 한 건 아니었다. 알고 있기를 간절히 바랄 뿐. 어차피 자신의 몫을 하는 건 자신일 것이었다.

희영은 4시 반경 퇴근을 하고 정류장을 향해 걷고 있었다. 자신의 직장인 성모병원을 등지고 대로로 나왔을 때 습관처럼 주위를 두리번거렸다. 의기와 함께 다니면서 생겼던 오랜 버릇이었다. 주변에 의심스러운 사람은 없었다.

한동안 의기를 보지 못한 건 큰 고통이었다. 주숙 언니조차도 못 본 지 일주일이라고 했다.

"네게 연락이 없는 건 너를 위한 것일 테니 조급해하지 마, 희영아."

두리번거리던 희영의 눈이 한곳에 멈췄다. 길 맞은편 백병원쪽 정류장 옆에 의기가 서 있었다. 희영과 눈이 마주친 그는 이내 시선을 다른 곳으로 돌렸다. 자신의 눈을 의심하는 것도 잠시, 희영은 이내 마음을 진정시키고 아무 일도 없는 듯 육교를 건넜다.

"아무 말 하지 말고 뒤따라 타."

희영이 옆에 다가서자 의기는 바닥에 시선을 고정한 채 나지막이 중얼거렸다. 희영은 타인인 양 그저 옆에 서서 그가 움직이기만을 기다렸다. 이윽고 그가 걸음을 뗐다. 의기는 다른 사람들이 다 타고 난 후 버스에 올랐고 희영이 마지막으로 그의 뒤를 따랐다. 둘은 맨 뒷좌석에 앉고 나서야 급하게 손을 잡았다.

의기를 따라간 곳은 우이동의 419탑 근처의 벤치였다. 그 낡은 벤치의 뒤편에는 숲이 있었는데 사람의 발길이 매우 뜸했다. 희영은 누가 보더라도 자연스러우라고 의기의 팔짱을 끼고 어깨를 기댔다. 워낙 긴장을 하고 난 뒤라서 그랬는지 뒤늦은 안도감이 파도처럼 밀려왔다.

"잘 지내고 있는 거지?"

"너무 보고 싶었어. 하지만 잘 지내고 있지는 못해."

의기는 담배를 꺼내 물었다. 불을 붙이는 그의 얼굴이 고통으로 일그러졌다. 의기는 자신이 6일 동안 광주에 있다 왔음을 알려줬다. 농민대회 때문에 갔다가 본의 아니게 마주하고 겪었던 광주의 실상을 들려주었다.

"서울에 올라오니 광주의 소식을 하나도 들을 수 없어. 신문이나 방송에 나오는 건 전부 여론조작용으로 편집한 것들 투성이야. 철저하게 피해자인 척하다가 조만간 무자비한 진압이 이어질 거야. 중무장한 공수부대 놈들에 탱크들까지…. 내가 있을 때도 놈들은 시체를 트럭에 아무렇게나 싣고 사라지곤 했어. 그 수가 얼마나 되는지 아무도 몰라. 지금까지도 많이 죽었지만 너무나 많이 죽을 거야. 그래 놓고 빨갱이들한테 자위권을 행사했다 하겠지. 너무 무서워. 게다가 아직 나는 실상을 알릴 방도를 못찾고 있어. 이 얘기를 하는 중에도 사람들은 죽어 갈 텐데."

그의 이야기를 듣는 동안 희영의 얼굴도 고통과 공포로 일그러졌다. 그러나 그녀에게 당장 중요한 것은 의기였다. 한동안 이어진 침묵의 끝에 희영이 입을 열었다.

"주숙 언니도 전혀 모르고 있는 것 같던데. 전화로 안부만 확인했던 거야?"

"누나도 주시의 대상이니까. 아예 모르고 있는 게 낫지. 나랑 여기서 만난 것 누나한테 절대 알리지 마."

"언제 올라온 거야?"

"어제. 하루만 지체했어도 못 빠져나왔을지 몰라."

"잠은?"

의기는 말 대신 엄지손가락으로 뒤를 가리켰다. 희영이 돌아본 그곳에는 집도 움막도 없었다. 오솔길조차 없는 숲이 있을 뿐이었다. 희영이 깜짝 놀라 물었다.

"저 숲속에서 풍찬노숙을 했단 말이야?"

"풍찬노숙이라도 지금은 여기가 제일 안전해. 여관이나 여인숙은 불심검문을 피할 수가 없어. 괜찮아. 아침 일찍 산길 좀 걷다가 계곡물로 씻고 나면 괜찮아. 아직 젊잖아."

"돈은?"

"광주 내려갈 때 선배한테 빌린 돈 아직도 남아 있어. 광주에서는 돈을 거의 쓸 일이 없었거든."

근처에서 저녁을 먹고 헤어질 시간이 되었을 때 괜찮다고 내젓는 의기의 손에 희영은 지갑에 남아 있는 지폐 전부를 쥐어주었다.

다음 날도 그다음 날도 희영의 퇴근시간에 의기는 같은 정류장에서 기다렸고 버스를 타고 419탑 근처로 가서 시간을 보내다 헤어졌다. 희영은 의기가 볼펜으로 쓴 호소문도 읽었다. 저녁을 먹고 나면 얼마 안 있다 곧 헤어져야 했다. 계엄령하의 통행금지는 밤 10시였기 때문이다.

낮에 의기는 백방으로 연락을 시도했다. 몇 친구들과 연락이 되기는 했으나 어느 누구도 그를 만날 수 있을 만큼의 사정이 안 되었다. 날이 거듭될수록 의기는 점점 야위어 눈빛만 형형해졌다. 마치 숲에서 나온 들개 같았다.

4일째인 27일. 계엄군은 0시를 기해 광주의 외곽을 봉쇄하고 탱크를 앞세워 대대적인 진압작전을 폈다. 전남도청에서 최후의 배수진을 쳤던 시민군들이 버티는 데는 한계가 있었다. 수많은 사상자가 발생했다. 열흘간 이어진 광주의 항쟁은 그렇게 진압되고 말았다. 그리고 의기는 그토록 찾던 방법을 찾아냈다. 금요

의기(宜基)

기도회.

그날 저녁 희영은 의기를 설득하고 있었다.

"나랑 같이 여관에 가. 남녀가 함께 들어간 방은 검문 안 한대."

"난 괜찮아. 충분히 견딜 만해."

"낮에 어디 가서 거울이라도 좀 봐. 자신의 몰골이 어떤지."

하룻밤만이라도 제발 편하게 자자는 데도 한사코 거부하는 의기를 이해할 수 없었다. 그러다 계획을 실행하기도 전에 큰일을 치를 것만 같았다.

"내가 우리 엄마한테 허락도 받았단 말이야!"

"그래도 안 돼. 너랑 한방에 있으면 내가 무슨 짓을 할지 몰라. 자신 없어."

희영은 하도 기가 막혀 헛웃음을 지었다.

"여관 가서 씻고 나오면 시체처럼 잠들어버릴걸, 아마. 그리고 우리가 남남이야?"

일정상 이틀 뒤 희영은 근처의 수련관에서 3박4일 동안 간호사 연수를 받아야 했다. 그 전에 의기를 하루라도 편히 재우고 싶은 그녀의 노력은 결국 수포로 돌아갔다.

이틀 뒤 이른 아침 두 사람은 수련원 마당의 나무 아래에 있었다. 희영이 연수원 입소시간보다 한 시간 일찍 도착하여 의기를 만났다. 의기는 마르고 초췌해도 눈은 오히려 더 맑아져 있었다.

희영이 연수원으로 들어가기 전에 둘은 서로를 꼭 끌어안았다. 지구상 마지막 연인들처럼. 연수를 끝내고 나오면 의기를 볼 수 없음을 희영은 잘 알고 있었다. 잡혀서 어딘가에 갇혀 고초를 겪고 있을 것이고 자신 또한 고통스러운 기다림의 시간을 견뎌야 할 것이다.

"이젠 들어가야지, 희영아."

포옹을 푼 의기가 희영의 이마에 입을 맞췄다. 그러곤 연애 초창기에 종종 했던 말을 꺼냈다. 그의 눈에 웃음기가 돌아왔다.

"숱한 질곡을 거쳐도 역사는 정도로 간다."

"그것이 예수의 길이다."

의기의 그다음 구절을 대신 말한 희영이 아침 햇살을 머리 위로 받으며 연수원 입구로 향했다.

80. 5. 30. 금.

종로5가 기독교회관 주변은 무장한 계엄군들에 의해 포위돼 있다. 계엄사의 당부대로 시민들이 '동요하지 않고 생업에 종사하는' 거리에 장갑차 두 대가 마치 승용차 주차하듯 기독교회관 옆에 버티고 있다. 풍경에 이미 익숙해진 시민들은 아무 일도 없는 것처럼, 혹은 아무것도 보지 못한 것처럼 평시와 똑같은 동선에 따라 움직이고 있다.

의기(宜基)

12시. 점심시간이 되자 인근의 건물들에서 사람들이 쏟아져 나온다. 기독교회관에서도 사람들이 나온다. 밥을 먹으려는 사람들이 건물과 건물 사이를 오간다. 사람들 중 일부는 기독교회관의 안으로 들어서기도 했다. 계엄군들은 회관을 드나드는 행인들에 대해 관심을 두지 않는다. 그들의 목적은 오직 경계를 서는 것일 뿐.

행인들에게 관심을 두고 있는 것은 오로지 점퍼 차림의 형사들이었다. 두 명의 형사가 한 명은 대로변에서, 또 한 명은 회관의 입구에 서서 행인들을 향해 표독스러운 눈길을 드리우고 있다. 입구에 있던 형사가 대로변에 있는 형사에게 다가가 담배 빌리는 시늉을 한다. 그가 자리를 잠시 비운 사이에 서너 명의 사람들이 회관 입구로 들어선다.

골목 안쪽에 있던 의기가 잽싸게 그들 사이에 섞였다. 그의 손에는 성경과 찬송가책이 들려 있다. 형사 둘은 저만치서 담배 연기를 뿜어대기에 바빠 이 청년을 보지 못했다. 청년은 6층의 607호의 문을 열고 들어선다. EYC(한국기독청년협의회) 사무실이었다.

의기를 알아본 사무장이 놀라서 다가왔다. 의기가 그에게 소리 죽여 물었다.

"형, 오늘 금요기도회 하죠?"

상대는 고개를 저었다.

"왜요? 금요기도회가 끊어진 적 없잖아."

사무장이 다시 고개를 저으며 나지막이 대답했다. 의기의 표정에 잿빛이 감돈다.

"다들 조심해서 그래. 뭐라 할 말이 없다."

"모두들 비겁해!"

하지만 절망하고 있을 시간은 없다. 의기가 실내를 빠르게 둘러보고 말했다.

"광주에 다녀왔어요. 긴박하게 정리할 게 있어요. 머릿속에 복잡하게 차 있는 걸 풀어 써야 돼서 그런데 사무실 좀 비워주실래요?"

잠깐 의기의 눈을 들여다본 사무장이 이내 고개를 끄덕이고 사무직원들과 간사들에게 별일 없으니 그만들 퇴근하라고 했다, 그리고 방문객들도 자리를 뜨도록 한 뒤 자신도 밖으로 나갔다.

의기는 타자기가 있는 가장 가까운 책상으로 가서 앉자마자 품에서 접혀 있는 종이를 꺼냈다. 공책에서 뜯어낸 그 종이에는 그가 볼펜으로 쓴 초안이 깨알같이 적혀 있다. 접힌 부분을 살살 펴서 평평하게 책상 위에 놓은 의기는 두 손을 모으고 깍지를 꼈다.

심호흡을 크게 한 번 했다. 피할 수 있다면 피하고 싶다. 그러나 피할 수 없다. 이로 인해 자신이 고문을 당하고, 혹 죽음을 당한다 하더라도 피할 수 없다. 운명일 뿐이다.

윤 선생, 광주의 학생들, 노동자들과 시민들, 그리고 자신의 눈앞에서 피 흘리고 죽어갔던 사람들에게 떳떳하기 위해선 피할 수 없다.

어머니, 주숙 누나, 철공소의 관기 형, 구로공단에 있는 큰누나, 눈물을 머금고 더 이상 농민이기를 포기한 채 탄광으로 떠난 큰형… 그들에게 떳떳하기 위해 피할 수 없다.

영란, 국선, 순실, 찬교, 결의를 다졌던 모든 동료들, 그리고 모임에서 공부를 함께했던 친구들… 그들에게 떳떳하기 위해 피할 수 없다.

강원도의 선자, 형필, 준배, 미순, 덕궁… 그리고 농활과 운동과정에서 만났던 수많은 농민들. 그들에게 떳떳하기 위해 피할 수 없다.

목숨보다 소중한 사람. 사랑하는 희영. 자신의 영혼을 아낌없이 건네준 사람. 그에게 떳떳하기 위해서도 피할 수 없다. 운명일 뿐이다. 하나님.

그는 마지막 심호흡을 한 번 더 하고 열 손가락을 펴서 자판을 두드리기 시작했다.

동·포·에·게·드·리·는·글

4시쯤 되었을 때 사무장이 찾아왔다. 등사는 진행 중이었다. 궁금해서 다시 사무실을 찾아온 그에게 의기는 활짝 웃으며 타자로 친 원본을 전했다.

"형, 그럼 내일 만나요!"

그가 사라지고 얼마 후. 필요한 양만큼의 등사를 채 완료하기도 전에 복도가 소란스러워지기 시작한다. 군홧발 소리가 복도를 가득 채우고 있었다. 의기는 등사물을 손아귀에 움켜쥔 채 1미터 정도의 공간이 있는 창밖 난간으로 가기 위해 창을 열고 몸을 밀어 넣었다.

사무실 안으로 군복 차림의 짐승들이 쏟아져 들어오고 있었다.

동 포 에 게 드 리 는 글

피를 부르는 미친 군화발 소리가 우리가 고요히 잠드려는 우리의 안방에 까지 스며들어 우리의 가슴팍과 머리를 짓이겨어 놓으려고 하는 지금, 동포여 무엇을 하고 있는가? 동포여 우리는 지금 무엇을 하고 있는가? 보이지 않는 공포가 우리를 짓눌러 우리의 숨통을 막아버리고 우리의 눈과 귀를 막아 우리를 병든 들짐승처럼 떨며 헤매게 하는 지금, 동포여 무엇을 하고 있는가? 동포여 우리는 지금 무엇을 하고 있는가? 무참한 살육으로 수없는 선량한 민주 시민들이 쓰러져 간 이 때에 동포여 우리는 지금 무엇을 하고 있는가? 무참한 살육으로 수없는 선량한 민주 시민들이 쓰러져 간 이 때에 동포여 우리는 지금 무엇을 하고 있는가? 무참한 살육으로 수없는 선량한 민주 시민들이 쓰러져 간 이 때에 동포여 우리는 지금 무엇을 하고 있는가? 무참한 살육으로 수없는 신방한 민주 시민들이 쓰러져 간 이 때에 뜨거운 오열의 하늘 아래 우리게 한 남도의 봉기가 유신잔당들의 악랄한 언론 탄압으로 왜곡과 거짓과 허위에 찬 허위선전으로 은폐되어 지고 있는것을 보는 동포여, 우리는 지금 무엇을 하고 있는가?

20년 동안 살벌한 용겨하여 갔든 압제와 만행을 자행하던 박 유신정권은 그 수괴가 피를 뿌리며 스러졌으나 그 잔당들에 의해 더욱 가혹한 탄압과 함께 압제가 이루어지고 있다. 20년동안 허위적 통계숫자와 사이비 경제이론으로 민중의 생활을 도탄에 몰아넣는 결과를 우리는 지금 일부 돈 가진 자와 권력 가진자들 제외한 온 민중이 벌는 생존 권리 위협이라는 것으로 똑똑히 보고있다.

유신잔당들은 이제 그 최후의 발악을 하고 있다. 우리는 지금 중대한 선택의 기로에서 있다. 공포와 불안에 떨면서 개처럼 노예처럼 삶 것인가, 아니면 높으른 하늘 우러르며 자유 시민으로서 맑은 공기 마음껏 마시며 환희와 승리의 노래를 부르면서 살 것인가, 또다시 치욕의 역사를 지속할 것인가, 아니면 우리의 후손들에게 자랑스럽고 떳떳한 조상이 될 것인가.

동포여, 일어나자, 마지막 한 사람까지 일어나자, 우리의 힘으로 싸움은 역사의 정 방향에 서있다. 우리는 이긴다, 반드시 이기고야 만다. 동포여, 일어나 유신잔당의 마지막 숨통에 결정적 철퇴를 가하자, 일어나자, 일어나자, 일어나자, 동포여! ○○일 정오 서울역 광장에모여 오늘의 성전에 몸 바쳐 싸우자, 동포여!

1980년 5월 30일 김 의 기

99 588

민중의 영원한 벗
김의기 열사의 발자취

김의기 열사 유고 **한국 농업과 농지제도**

* 이 글은 1979년 9월 28일 자 〈서강타임즈〉(현 〈서강학보〉)에
실린 김의기 열사의 유고다. 열사의 요청에 따라 〈서강타
임즈〉 측에서는 필자를 '본사편집부'로 게재하였다.

1. 문제 제기

최근 들어서 농지법개정안이 다시 구체적으로 논의되고 있다.
개정안의 골자는 농지소유상한을 현행 3정보(9천 평)에서 8정보
(원안은 10정보)로 확대하고 소작을 허용하겠다는 것, 그리고 농
지 소유자격을 확대하고 농지위원회의 권한을 강화하겠다는 것
이다. 그동안 네 번에 걸친 농지법개정안도 이번 시안과 별로 차
이가 없었는데 부작용이 크다는 여론에 부딪혀 폐기되었다. 정
부의 입장은 "농·공간의 균형성장, 영농합리화와 농업생산력의
증진" 등으로 밝히지만 무엇보다도 최근의 급격한 이농 현상과
이에 따른 농촌 노동력 부족이라는 것에 크게 자극을 받아서인
것 같다.

계속 생산비를 밑도는 농산물 가격, 농축산물 수입으로 인한
축산물과 소득작물 가격의 하락, 그리고 누증되는 농가부채 등

으로 이촌 농민은 작년에만도 78만 명을 넘어섰다. 부락마다 빈 집이 늘고 품값은 등귀하고 일손 구하기가 힘들게 되었다. 그러 므로 이러한 농촌 일손 부족과 농촌 임금 상승으로 농업 기계화 는 불가피하고 현행 농지임대차 관계는 봉건적 소작이 아니므로 농업 기계화나 기업농 육성을 위해서는 농지 소유상한선의 완화 와 소작 금지의 완화가 필요하다고 하여 농지법의 개정을 추진 하기에 이른 것이다.

그런데 여기에서 소유상한선의 완화와 소작양성화가 과연 농 업생산력의 증진, 농민 생활의 향상, 영농의 근대화라는, 목적하 는 바를 달성할 수 있느냐 하는 의문이 제기된다. 농지제도는 농 업 생산에 있어서 가장 기본적인 틀이 되는 것이고 새로운 농지 제도는 농업에 관한 제 제도와 유기적 연관성을 가질 때에 비로 소 효율성을 가지는 것이다. 농지제도만의 개혁으로 농업 문제 가 근본적으로 해결되리라는 것은 지나치게 소박한 견해라고 여 겨지기 때문이다.

2. 한국 농지제도의 전개 과정

1949년에 제정된 농지개혁법은 사회 안정이라는 정치적 목적 과 함께 식민지주적 토지 소유라는 제도를 개혁함으로써 한국 농업의 근대적 발전의 길을 모색하는 데에 그 목적이 있었다. 그 내용의 핵심은 경자유전의 원칙에 의해 토지 소유의 상한선(3정보) 제정, 소작 금지, 비 농민의 토지 소유 금지 등으로 자작농 창설이라는 것이다. 그러나 불완전한 농지 분배와 진행 과정의 무리, 농업 생산 지지기반의 미비로 이 목적은 실패하고 말았고, 과중한 농민담세와 외국 농산물의 도입은 자유로운 농업 발전의 장애 요소가 되었다. 거기에다가 저농산물가격에 의해 지지되는 저임금을 기반으로 한 몇 차례의 경제개발계획에 있어서의 농민 소외는 생산 확대나 기계 도입의 가능성을 약화시키는 부정적 요인으로 등장했다. 농경련의 조사에 따르면 1977년 현재 총 농가의 36.1%가 소작 농가이고 전체 경지면적의 16.5%가 소작지임이 밝혀졌고 1정보 미만 소유 농가는 전 농가의 67%에 이르고 있는데 2정보 이상 소유 농가는 6%에 불과하다.

이런 상황에서 농업생산력은 그 한계가 뚜렷할 수밖에 없으며 따라서 농업생산력의 증대를 위해서는 토지제도를 포함한 농업 전반에 걸친 제 제도의 개혁이 필요하다고 할 것이다.

3. 농지법 개정시안의 문제점

농업생산력의 증대를 위해서는 영농기계화나 기업농의 필요

의기(宜基)

성이 강조될 수밖에 없다고 하더라도, 어떤 제도가 시대적 여건을 초월하여 모든 시대와 지역에 타당하다는 것은 결코 성립될 수 없다.

우리나라의 현 상황에서 영농기계화나 기업농으로의 발전이 지연된 것은 상한선에 얽매였기 때문이 아니고 기본적으로 농업 수익 보장문제나 장기적이고 안정적인 농정의 빈곤 때문이라고 할 수 있다. 이는 3정보 상한의 현 상황에서 2정보 미만 소유 농가가 전 농가의 93%에 이르고 있다는 것이 잘 증명해준다.

농업에서 수익이 보장되지 못하는 현재의 농산물 가격체계나 농산물 유통체제와 농업 생산기반의 부재에는 현 상황에서 상한선만 확대된다고 기업농 경영이 이루어질 수 있을 것인지, 토지 가격의 10%에 불과한 토지임차료(농수산부 농산물생산비 자료 근거)와 현행 금리 수준인 18%와 비교하면 과연 정당한 이윤(내지 지대) 동기는 토지 투자가 이루어질 수 있는가에 대해 의문이 생길 수밖에 없다. 대부분 농민의 토지 소유가 현재의 상한선에도 미치지 못하고 있는 상황에서 소유상한선을 확대한다는 것은 영세농의 영세화를 더욱 촉진시키고 대량이농을 유발할 가능성이 있으며, 이농민들의 전업이 순조롭지 못할 경우 사회 불안요인으로 작용할 우려마저 있음을 고려해야 한다. 또 현재 도시 근교나 고속도로변의 농지 가격이 수익성을 훨씬 웃돌고 있음을 상기할 때 비 농민의 투기 대형화 우려도 배제할 수 없는 것이다.

소작 양성화에도 약간의 문제가 있다. 현행 농지임대차 관계가 현상적으로 봉건적인 것이 아니라고 해서 이를 근대적인 것으로 보는 것은 지나친 논리상의 비약이다. 우리나라의 현행형태는 소농적 차지농이라는 과도기적 단계이고 이는 결코 근대적 성격의 임대차관계가 아니다. 이러한 것은 농업생산력 발전에는 장애 요소로 작용하게 되는 것이고 농업생산력 증진이라는 목표와는 정면으로 상반되는 것이다.

농지위원회의 권한 강화도 이른바 "농민의 민주적 역량이 부족해서" 농민의 자주적 협동조직인 농협의 임원마저도 임명제를 실시하고 있는 현 상황과 관련시켜 보면, 만약 농민과 정책당국과의 입장이 상반될 때 농지위원회가 과연 농민의 입장을 대변해주기를 기대할 수 있는가 하는 의문이 생긴다.

적자영농이나 농민이동의 원인을 토지제도상의 문제 때문만으로 돌리는 것은 지극히 단순한 발상으로 볼 수 있다. 현 농산물 가격정책이나 농정 부재의 상황에서 비롯된 바가 그 핵심적 이유임에도 불구하고 이의 개혁을 위한 새로운 정책 제시 없이 농지문제만을 거론한다는 것은 본래의 의도와는 상반되는 부작용을 초래할 수 있다는 문제점을 안고 있다.

농지개혁법, 농지보전 및 이용에 관한 법률 등에서 상한선 제한, 비 농민 토지소유 금지, 농지 타용도 사용 금지 등의 규정에도 불구하고 도시자본의 토지투기와 소작은 계속 확대되어왔다.

의기(宜基)

이는 바로 농정 실패의 한 단적인 표현이라고 불 수 있을 것이다. 이런 현실에서 소유상한선의 완화나 소작농 양성화는 결코 실패한 농정의 효과적인 치유책으로 작용할 수는 없는 것이다.

4. 문제 해결방안 모색

우리가 토지소유상한의 확대나 소작양성화에 이론을 제기하는 것은 결코 소농우월론이나 소농온존론의 입장에 동의하기 때문이 아니다. 자본주의적 경제하에서 농업 발전은 대경영의 길을 모색함으로써만 이루어질 수 있을 것이다. 그러나 한국 농업의 현 상황에서 농지소유상한선의 완화나 소작양성화 등의 농지제도의 개혁만을 통해서 농업생산력 정체화 요인을 없애고 영농의 합리화를 도모하겠다는 논리에는 아무래도 수긍이 되지 않는 많은 의문이 있다. 농지상한선의 완화는 농업에서 수익 보장이 되어 농지상한선이 더 많은 수익을 위한 대규모 영농에 장애가 된다는 농민적 요구가 있을 때에야 비로소 타당할 수가 있다.

결국 현재의 농업생산력의 정체라는 것은 농산물의 수익 보장이나 지속적이고 안정적인 농업정책, 농협의 효율적 이용, 기타 농업생산 지지기반의 확충 등 농업과 관련된 제 제도의 전반적 개혁으로써만 그 해소가 가능해질 것이지, 농지제도의 개편만으로 해결될 문제는 아니다. 토지 투기로 인한 농지 잠식이나 농업 생산력 정체의 한 원인으로서의 농지 문제 등에 대응할 새로운 대책의 수립을 전제로 하였을 때에만 본 농지법 개정시안이 본래 의도하는 바를 달성할 수 있을 것이다. 이러한 보완 대책을 마련하지 않은 채 농지상한선의 완화나 소작양성화가 당면 농업 문제를 해결하고 영농의 근대화·합리화와 농업생산력 발전에 기여할 것이라는 데 대해서는 회의적이라 할 수 있다.

차제에 농산물가격 보장이나 농산물 유통 구조의 개선, 농협의 본래 목적으로의 환원, 그리고 농민적 요구로서의 농지제도의 합리적 개편 등 제 제도의 종합적인 개편을 통해서 진정한 농업 발전의 길을 모색하는 것이 장기적 경제 안정과 성장의 기반으로서의 농업을 살리는 정책이 될 수 있다.

의기(宜基)

김의기 열사 연보

1959년 4월 20일 경북 영주군 부석면 용암리에서 김억 선생과 권채봉
　　　　　　　여사의 4남 2녀 중 막내로 출생.

1964년 3월　　6세의 나이로 재산초등학교 입학.

1970년 2월　　영주 중부초등학교 졸업.

1970년 3월　　영주중학교 입학.

1971년　　　　서울 배명중학교로 전학.

1973년 2월　　배명중학교 졸업.

1973년 3월　　배명고등학교 입학.

1976년 2월　　배명고등학교 졸업.

1976년 3월　　서강대학교 경상대 무역학과 입학, KUSA 가입.

1977년　　　　서강대 KUSA 하계 농촌활동대장(강원도).

1978년 봄　　 후배들과 소그룹 학습을 시작하는 한편, 농업문제 연구
　　　　　　　모임에 참여하기 시작.

1978년 여름　 서강대 하계 농촌활동대장.

1978년 9월	감리교청년회전국연합회(감청연) 참여.
1978년 12월	서강대 등의 농촌활동 지도.
1979년 3월	감청연 농촌선교위원회 위원장.
1979년 6월	서강대 농촌활동 지도 및 하계 농촌활동 참여(고문 및 규율부장), 감청연 제22차 여름선교교육대회 홍보위원.
1979년 8월	서강대에서 근대사 연구 모임 주도.
1979년 10월	10월 28일 예정의 서강대 교내 시위 계획, 10·26사태로 무산.
1979년 12월	서강대 민속문화연구반 동계 농촌활동 지도.
1980년 2월	서강대 '총학생회부활추진위원회' 활동에 적극 참여, 감청연 제23차 겨울선교교육대회 진행위원장, 감청연 농촌선교 위원장, 한국기독청년협의회(EYC) 농촌선교분과위원장 역임.
1980년 3-5월	농촌(전남 지방)과 서울을 왕래하며 농촌 문제 정리, 농촌활동 자료집 발간에 주력.
1980년 4월	〈농촌활동안내서〉 기획·제작
1980년 5월 18일	광주 북동성당에서 5월 19일 열릴 예정인 '함평고구마농민투쟁승리기념식'에 참석하기 위해 광주행. 광주의 참상을 목도함.
1980년 5월 24일	광주의 참상을 알리기 위해서 서울로 상경.
1980년 5월 30일	오후 5시경, '동포에게 드리는 글'을 남기고 종로5가

의기(宜基)

기독교회관 6층(607호)에서 의문의 추락사.

1980년 6월 2일   오전 11시, 서울대학병원 영결식장에서 감청연, 한국 기독청년협의회, 형제교회 주최로 영결예배 거행, 경기도 파주 탄현면 기독교공원묘지에 묻힘.

1980년 8월   서강대학교 졸업 예정.

1984년 9월   서강대 인문관 앞 잔디밭에 김의기 열사 추모비 건립.

1985년 5월   김의기 열사 추모집《동포여! 우리는 지금 무엇을 하고 있는가》발간.

1985년 6월   마포경찰서 형사들에 의해서 추모비 강탈당함.

1989년   KUSA동문들과 서강학우의 노력으로 서강대 도서관 옆에 추모비 건립.

1990년   서강대학교 명예졸업장 수여.

1991년 5월 18일 광주민주항쟁유가족회로부터 5월 시민상 수상.

2000년 5월   정부로부터 5·18민주화운동 희생자로 인정받아 광주 5·18묘역으로 이장.

2019년 5월   사단법인 김의기기념사업회 출범.

| 김의기 열사 어렸을 적 모습.

| 고등학교 때 우등생이면서 친구 사이에서도 인기 있었던 활기찬 김의기 열사의 모습.

의기(宜基)

| 티셔츠를 입고 찍은 졸업사진이자 영정사진.

| 김의기 열사 영정사진을 들고 오열하는 모친.

| 광주 망월동 국립묘지에 안장된 김의기 열사의 묘.

| 서강대학교 내에 있는 김의기 열사의 추모비.

의기(宜基)

사랑하는 내 동생 김의기!

나는 내 행복의 절반이라도 의기에게 나눠주고 싶을 정도로 동생을 예뻐하고 사랑했습니다. 그랬던 의기가 대학 2학년 때부터 경찰들이 집에 찾아오는 걸 보고 의기가 운동권이 되었다는 것을 알았습니다. 나와 엄마는 의기가 정말 그러지 않기를 바랐습니다. 물론 좋은 세상, 좋은 사회를 만들기 위해서 누군가는 해야 할 일이겠지만, 내 동생은 안 했으면, 내 동생은 곱게 컸으면 했습니다. 의기가 대학교에 입학했을 때 양복을 한 벌 해주면서 "너도 양복 좀 입고 다녀라"라고 했더니, 여전히 작업복, 군복 같은 것을 입고 고무신을 신고 다니는 거였습니다. 그래서 "의기야, 대학생이 입고 다니는 옷이 그게 뭐냐? 대학생답게 입고 다닐 수 없냐?" "누나, 사람이 한번 편하면 더 편해지고 싶고 그러면 도둑놈 마음이 생겨!" 그래서 자기는 그렇게 입고 다닐 수 없다는 것입니다. 의기는 대학졸업앨범에 실을 사진을 찍을 때도 양복을 입지 않고 셔츠만 입고 찍었습니다. 결국은 장례식 때 제가 해준 양복을 수의 대신 입혔습니다.

가끔 의기가 엄마에게 "엄마! 나 대학 졸업하고 어떤 사람이 되면 좋겠어?" 물으면 엄마는 한 번도 좋은 직장에 취직해라, 돈 많이 벌어서 호강시켜 달라고 한 적이 없었습니다. 엄마의 대답은 그때마다 "훌륭한 사람!"이라고 말씀하셨지요. 엄마는 "훌륭한 사람"이라고 대답해서 의기가 그렇게 된 것이 아니었을까 괴로워하셨습니다.

매년 5월 이맘때가 되면 참 힘듭니다. 세월이 사십 년이 지나갔는데도 마음이 아프지요. 어떤 때는 예리한 칼날에 베인 것처럼 속이 쓰리고 아픕니다. 5월만 되면 의기가 생각나서 울고 불쌍해서 울고 시도 때도 없이 눈물이 쏟아집니다. 동생 몫까지 열심히 살겠다고 약속했는데 그렇게 살지 못해 많이 미안합니다.

의기가 광주학살의 최후 목격자로 광주의 진실을 알리고자 자신의 몸을 던졌을 때, 나이가 스물두 살이었습니다. 동생이 지금 살아 있다면 결혼도 했을 테고 아이들도 낳았을 테고 환갑도 지나 행복하게 살았겠지요. 의기를 끔찍하게 사랑했던 엄마 아버지도 오래전 세상을 떠나셨습니다.

의기가 죽음의 길을 간 지 사십 년이 지났는데도 나는 동생이 왜 죽음의 길을 선택했는지 잘 모르겠습니다. 자의든 타의든 상관없이 내 사랑하는 동생이 자기 몸을 계엄군의 탱크 위에 던져야만 했을까, 그걸 묻고 또 묻고 수천 번 수만 번 물어봅니다. 5

의기(宜基)

월 광주에서 계엄군의 만행을 목격했을 때, 그것을 알려야겠다고 결심했을 때, 그리고 죽음 앞에 직면했을 때, 의기가 얼마나 무서웠을까요? 얼마나 두려웠을까요? 얼마든지 못 본 척할 수도 있고, 피해갈 수도 있었는데 의기는 왜 죽음의 길을 선택했을까요? 그걸 생각하면 지금도 마음이 아픕니다. 의기가 마지막으로 남긴 말, "동포여 우리는 지금 무엇을 하고 있는가?" 이 말이 항상 나를 긴장시킵니다. 그리고 나를 곧추세웁니다.

"사랑하는 동생, 보고 싶은 내 동생 의기야! 네가 간 지 벌써 사십 년이 되었구나. 너로 인해 나는 새로운 길, 전과는 완전히 다른 삶을 살고 있다. 그때 스물다섯이던 내가 머리도 희어지고 주름살도 많은 예순다섯의 할머니가 되었는데 사진 속의 너는 여전히 스물둘의 청년이구나. 너의 죽음 앞에서 네 몫까지 살겠노라고, 자랑스러운 누나가 되겠노라고 약속했었는데 그렇게 살지 못해서 많이 미안하다. 더 열심히 살아서 나중에 당당한 모습으로 네 앞에 설 것을 약속하마. 의기야! 많이 보고 싶다."

김의기 40주기를 기념해서 김의기기념사업회에서 이 책을 펴내기로 했다는 소식을 들었습니다. 서강대학교와 김의기기념사업회에 감사드립니다. 의기와 인연이 있던 사람들을 두루 찾아다니며 자료를 모아 스물두 살 청년 김의기가 어떻게 살아왔는

지를 단숨에 읽을 수 있도록 이야기책을 엮어주신 정화진 작가
에게도 감사드립니다. 세상에는 고마운 것들투성이입니다.

2020년 5월

김의기 누나 김주숙

의기(宜基)

의기, 그이를 그리며

'의기'가 대열에 함께 섰던 '남도의 봉기' 이후 1980년 5월 하순, 그 보름 전쯤의 전두환 퇴진을 위한 외침과 돌팔매질에도 아랑곳없이 한반도 남쪽은 숨죽인 적막강산이었습니다. 너나없이 움츠리고 숨고 튀고 끌려갔습니다. 그때 의기는 한동안 빛고을에 있었습니다. 저는 서울역 회군 이후 전두환 일당이 비상계엄을 온 나라로 넓힐 때 야음을 틈타 노고산을 넘어 관헌의 눈을 피해 수원으로 스며들었습니다. 사진현상수배 중 수원 화성 성벽에서 인편으로 그이가 가셨다는 비보를 들었습니다.

'의기' 가신 지 마흔 해입니다. 강산이 네 번 바뀌었어도 그이가 꿈꿨던 세상, 그이의 말마따나 "높푸른 하늘 우러르며 자유시민으로서 맑은 공기 마음껏 마시며 환희와 승리의 노래를 부르면서 살" 세상은 아직 가까이 있지 않습니다. 그래서 사십 년이 지난 지금, 다시 '의기'를 부릅니다.

삭막했던 시절, 뜻있는 민주동문들은 멀리 임진강이 내려다보이는, '희영'이 날마다 찾았다던 파주 금촌 공원묘원에서 한 해에 한 차례 추모를 이어왔습니다. 더 잊히기 전에 기록을 남겨야겠다는 선배들이 추모집을 내기로 했고 저도 그 틈에 막내로 끼어 일을 거들었습니다. 광성고등학교 가는 철길 옆 좁고 허름한 2층 사무실에서 1985년 5월 정보과 형사들이 수시로 노려보는 가운데《동포여! 우리는 지금 무엇을 하고 있는가》란 추모집이 빛을 보았습니다

엄혹한 억압 세월에 행적도 정확히 확인되지 않은 데다가 서둘러 내는 바람에《동포여! 우리는 지금 무엇을 하고 있는가》에는 '의기'의 짧으나 뜨거웠던 삶이 썩 잘 드러나지 않았다는 얘기가 있었습니다. 마침 좀 젊은 50대 민주동문들이 중심에 서서 추모를 넘어 기념사업을 하자고 하여 지난봄에 (사)김의기기념사업회를 띄우고 평전을 다시 내는 일을 그 첫 사업 중 하나로 꼽았습니다. 의기회 임원, 작가, 출판관계자 등 평전출간위원들은 어떻게 하면 '의기'를 대중에게 가까이 다가가게 할 수 있을까 고심하다가 팩션이라는 새롭고 색다른 평전을 기획했습니다

지금까지 드러나지 않았던 행적, 즉 광주항쟁에 처음부터 동참하게 되고 상경 후 서울 거사를 도모하는 과정 등 움직임이 안개 걷히듯 드러납니다. 특히 거사 전 며칠 동안 우이동에서의 비장한 풍찬노숙은 박진과 긴장을 안깁니다. 편찮으셔서 쉰 목소리로 구술해주신 윤기현 선생님과 애별리고의 아픔을 승화하신 희

의기(宜基)

영 님, 애오라지 두 분 공덕이겠습니다.

《쇳물처럼》이란 소설로 이름난 정화진 작가는 대학에 갓 입학한 1980년 3월에서 5월 중순까지 두 달 반가량 '의기'와 교정에서 적어도 몇 차례 부딪쳤겠습니다. 그해 새 학기 학생회 부활과 총학생회장선거, 가마니 뒤집어쓰고 함께했던 병영집체훈련 반대 철야농성, 교내외 시국집회 등에서 필시 만났을 사이로 평전을 짓게 된 것도 인연이라면 인연이겠습니다. 같은 인연에 서해문집 김흥식 대표도 있습니다. 여러 해 '의기'와 같은 교정 노고산 자락을 오르내렸겠고요, (사)김의기기념사업회 공모 1호 회원으로 출판을 기꺼이 맡아주셨습니다.

광주민중항쟁 마흔 돌, 그 항쟁에 직접 참여했고 뜻한 바 있어 광주를 탈출해 광주의 참상을 바깥 서울에 처음 알려 서울항쟁을 꾀했던 '의기'도 아울러 같은 돌을 맞습니다. 국립 5·18민주묘지에 잠들어 있는 의기는 외롭지 않습니다. 김의기라는 생물학적 생명은 짧았어도 '의기'라는 정치사회적 생명은 광주민중항쟁과 함께 영원할 것이기 때문입니다.

2020년 5월
(사)김의기기념사업회 회장 박찬교

그의 삶이 그러했듯 그와의 만남도 운명이다

　단 한 번도 본 적이 없다, 이승에서의 인연은 없다 여겼다. 그는 그저 신화처럼 내 손길이 닿지 않는 곳의 존재였다. 극한의 절망과 공포의 시대. 그 복판에서 그가 어떤 외침을 던졌는지 신입생인 나는 아예 알지 못했다. 나는 소풍 같은 재수를 끝내고 갓 80학번이 된 새내기였을 뿐이다. 어깨까지 늘어뜨린 머리카락에 재봉 자국으로 너덜너덜한 청바지를 걸친 어설픈 자유주의자였다.

　글을 준비하면서 여러 분들을 만났다. 그중 의기 형과 막역한 사이였던 77학번 찬교 형과 79학번 성준 형의 회고가 나를 일깨웠다. 그는 내가 기억하지 못할 뿐 분명히 몇 번이나 보았던 현실의 사람이었다. 총학생회 부활과 문무대병영집체훈련 거부를 위해 많은 학우들이 학생회관에서 오랜 철야농성을 할 때 나도 그곳에 있었다. 작고 마른 사람. 미성이되 연설 중에는 유난히 카

　　　　　　　　　　　　　　　　　　　　　의기(宜基)

랑카랑했던 목소리. 앳된 얼굴. 인터뷰 중 구름처럼 피어오른 기억의 조각들로 인해 몇 번이나 숨을 들이켜야 했다.

에누리 없이 사십 년의 세월이 흘렀다. 참으로 긴 세월이다. 젊은이들에게 5·18광주는 거의 6·25한국전쟁만큼이나 먼 역사임을 잘 안다. 우리에겐 바로 엊그제의 일처럼 생생한데. 그 시절의 기억을 떠올리는 것만으로도 분노의 피가 끓는데.

치열하게 산다는 기치 아래 이러저러한 일을 하고 이곳저곳을 들여다보며 나이를 먹다보니 어느새 손주를 둘이나 가진 할아비가 되었다. 그간의 우여곡절 다 뒤로 보내고 소설가로 되돌아와 글 쓰고 책 내는 즐거움에 푹 빠져 있던 어느 날 의기 형이 내게 손짓을 했다. 그 손짓이 너무 불현듯 해서 잠시 동안은 피할 구실을 찾았다. 부질없는 도피망상. 당연히 그 부름에 응해야 하는 것을.

그리 많은 분들을 만나보지는 못했다. 사십여 년의 시간을 되돌릴 사람들을 이제와 찾는 일이 그리 쉽지는 않았다. 만난 모든 분들은 기꺼이 자신들의 기억을 소환해주었다. 덕분에 김의기라는 인물의 퍼즐 조각을 많이 찾아낼 수 있었다. 그러나 기억을 불러오기에 그 세월의 간극이 얼마나 큰지도 깨달았다.

취재를 마치고 나자 고통의 시간이 다가왔다. 물론 예상한 바였으므로 놀라지도, 도망치려 하지도 않았다. 만 스물한 살짜리 해맑은 청년 의기와 접신하듯 한 칸짜리 내 거처에서 두 달 넘게 기거했다. 그동안 그는 더도 덜도 없는 청년이었고, 때론 애기였다. 궁금한 게 하나 더 있어, 의기야. 홀로 있는 그 시간에 무슨 생각을 했니, 의기야? 내 공간에서 나는 그를 늘 의기라 불렀다. 자식 부르듯이. 울기도 많이 울었다. 그때마다 의기는 천연덕스러운 표정으로 나를 토닥였다.

기억을 공유해준 모든 분들께 감사하다. 형을 아기처럼 보살폈던 주숙 누님, 이별이 자신의 죽음보다 무서웠을 희영 님, 찬교 형을 비롯한 많은 동문 선배들, 의기의 삶에 누구보다 천착했던 출간위원 김흥식 형, 장근주 형, 전원배 아우, 조민재 아우, 그리고 녹취를 남겨주신 윤기현 선생께 지면을 통해 절을 올린다. 기억소환이 때로 극한의 고통을 유발하는 일임을 잘 알기에. 부디 그분들의 도움으로 청년 김의기의 열정과 꿈이 널리 알려지기를 소망한다.

2020년 5월
지은이 정화진